PAR

BALLON MONTÉ

LETTRES
ENVOYÉES DE PARIS

PENDANT LE SIÉGE

SEPTEMBRE 1870 — 10 FÉVRIER 1871

PAR

LOUIS MOLAND

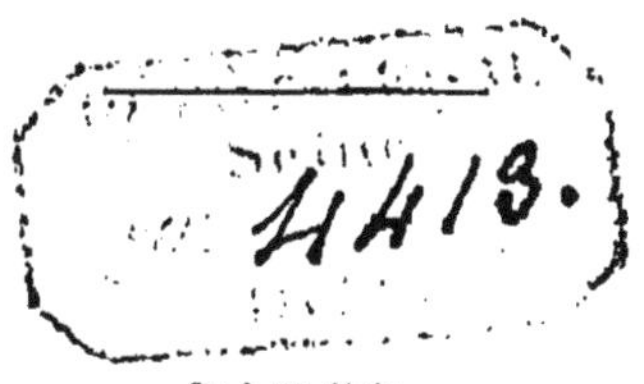

PARIS
GARNIER FRÈRES, LIBRAIRES-ÉDITEURS
6, RUE DES SAINTS-PÈRES, ET PALAIS-ROYAL, 215

1872

PARIS. — IMP. SIMON RAÇON ET COMP., RUE D'ERFURTH. 1.

AVERTISSEMENT

L'origine de cette publication est celle que le titre indique. Pendant le siége de Paris, j'entretins une correspondance suivie avec les personnes de ma famille dont les unes, ayant quitté Paris, s'étaient réfugiées dans notre pays natal, les autres y résident habituellement. Ces personnes sont d'âge et de caractère différents : il en est d'un esprit très-sérieux; il en est qui s'intéressent plus aux événements de la vie domestique qu'aux événements de la vie publique. Je devais varier le sujet de mes lettres selon la personne à qui elles étaient adressées.

Je cherchai principalement à donner aux uns et aux autres une idée exacte de l'état de Paris, à leur décrire les spectacles et les émotions de la rue, le côté intime et familier du siége, pour ainsi dire, en même temps que, par les documents officiels que je leur transmettais, je les tenais au courant de la succession des faits militaires et politiques que nous traversions.

Je traduisais librement mes impressions : je n'étais pas tenu à flatter une catégorie spéciale de lecteurs, et j'étais sûr d'être lu sans forcer le ton et la couleur de mes récits.

Toutes ces lettres furent envoyées de Paris en province, hormis la dernière, qui fut envoyée de province à Paris.

Quand, à la faveur de l'armistice, je pus à mon tour m'en aller dans mon pays, j'y retrouvai presque toutes mes lettres; cinq ou six seulement s'étaient égarées en route. Les ballons-postes m'avaient favorisé d'une façon toute spéciale, à en juger par ce qui était arrivé à la correspondance de mes camarades.

Je demeurai plusieurs mois éloigné de Paris. Ce ne fut qu'à mon retour que la proposition de publier ces lettres me fut faite. J'y supprimai tout ce qu'il y avait de personnel; j'élaguai autant que possible le *moi* qui s'y déployait sans contrainte; je retranchai les petits détails, les tendresses, les questions sur la santé de tous, comme si l'on eût pu me répondre, les compliments aux gens de la ville, tout ce dont le public n'avait que faire; ces suppressions ont un peu écourté quelques-unes de ces lettres.

J'aurais dû peut-être retrancher aussi quelques-unes des proclamations dont le gouvernement de la défense nationale nous comblait, et que j'ai transmises avec soin à mes compatriotes, ignorant qu'ils en étaient encore plus comblés que nous. Ces proclamations ont, en effet, perdu de leur intérêt; mais il me semble qu'elles forment un élément essentiel et caractéristique du tableau de cette période.

Ceux qui ont passé à Paris les cent trente-quatre jours du siége retrouveront dans ces lettres, je l'espère, la suite de leurs impressions et de leurs souvenirs. Ceux qui étaient absents pourront, jusqu'à un certain point, y vivre avec nous ces longues journées.

Je sais bien que les publications sur le même sujet sont déjà nombreuses et qu'elles seront innombrables. Mais l'événement est assez grand pour qu'il n'y ait jamais trop de témoins au procès que l'histoire instruira; et je crois que, si mon témoignage n'agrée pas à tout le monde, on reconnaîtra du moins qu'il est sincère et indépendant.

INTRODUCTION

Quel jugement l'avenir portera-t-il sur le siége de Paris? L'histoire le qualifiera-t-elle d'héroïque, comme on nous l'a répété à satiété?

M. de Bismark lui-même nous en octroie le brevet, si nous en croyons les détails que nos journaux ont publiés sur l'entrevue de M. Jules Favre et du chancelier de l'empire germanique pour la négociation de l'armistice du 28 janvier. M. de Bismark aurait dit à notre ministre, en l'accueillant avec une grande courtoisie : « Monsieur Jules Favre, je vous attendais, car je connaissais l'état de vos approvisionnements, et je savais que vous étiez aux prises avec la famine, notre plus solide alliée. » Puis il ajouta, en accentuant son langage : « Paris a été héroïque, je suis heureux de lui rendre ce témoignage, et j'ajoute que l'Europe entière partage mon opinion et que l'histoire la confirmera. »

Malgré ce témoignage (défie-toi, comme dit un sage, des éloges de ton ennemi), je ne crois pas que l'expression soit juste, et je la réserverais pour des siéges où la lutte fut plus générale et plus active, comme ceux de Numance, de Harlem et de Saragosse.

Ce qui me fait douter que ce grand mot soit bien celui qui convienne au siége de Paris, c'est précisément qu'il lui a été trop prodigué. On ne pouvait nous prévenir que nous ne mangerions plus que du pain bis sans rendre hommage à notre héroïsme.

Ce fut un siége de grande bonne volonté : je me place au point de vue de l'ensemble de la population. On eût pu lui demander l'héroïsme, mais on ne le lui demanda pas. On lui demanda surtout la résignation aux privations et aux souffrances, et elle alla au-devant de tous les sacrifices. Elle eût acheté à tout prix la victoire; tous les maux étaient acceptés sans murmure. Une partie de Paris supporta avec fermeté le bombardement. Les femmes, les enfants mêmes firent preuve d'une patience à toute épreuve, d'une abnégation touchante. Rien ne leur coûta de ce qu'on exigea d'eux au nom du patriotisme.

L'émulation était universelle. La haute bourgeoisie, le haut commerce subissaient la ruine sans se plaindre. La petite bourgeoisie, à qui la disette fut surtout sensible, jeûna et grelotta dans ses demeures sans se plaindre. Bourgeois et ouvriers se seraient courageusement battus ; ils se sont courageusement battus quand ils en ont eu l'occasion. En attendant cette occasion qui fut trop tardive, ils supportèrent avec un égal stoïcisme les gardes et les factions aux avant-postes et aux remparts, qui, par ces nuits d'un hiver rigoureux, n'étaient guère moins redoutables que le fer de l'ennemi. De simples boutiquiers, fermant leurs boutiques, s'enrôlaient dans les bataillons de guerre. Des ouvriers tombaient sous les atteintes de la pneumonie ou de la pleurésie, avant de quitter leurs rangs.

Dans ce que le militarisme des Parisiens eut d'un peu exagéré, le sentiment était bon encore, et il n'y avait la plupart du temps qu'un excès de zèle.

D'autre part, des trésors de bienfaisance, de charité et de pitié se sont révélés au milieu de nos souffrances communes. Les Parisiennes les plus délicates s'enrôlèrent dans le service des ambulances : la vocation d'infirmières saisit celles-là mêmes qui n'avaient eu de goût jusqu'alors que celui de la dissipation et des frivolités. Des religieux, des frères des écoles, appelés à relever les blessés sur les champs de bataille, déployèrent une bravoure plus difficile peut-être que celle des combattants : ils eurent, comme l'armée, leurs morts à l'ennemi.

La défensive n'a fléchi sur aucun point. Au moment où il a dû se rendre, Paris était complétement intact dans ses ouvrages extérieurs. Si la famine n'avait été imminente, le siége n'était pas plus avancé, était moins avancé même qu'au premier jour, c'est-à-dire que l'impossibilité pour l'ennemi de se rendre maître de Paris n'avait fait que s'accroître.

L'offensive a été vigoureuse aussi, plus vigoureuse que ne le disent les détracteurs passionnés du gouvernement de la défense nationale ; mais elle a été presque exclusivement militaire. La population armée n'y eut qu'une faible part. A tort ou à raison, on ne la crut pas apte à ce rôle, et on résista à sa volonté de verser un sang qu'on jugeait devoir être inutilement répandu. Un grand général, l'homme de génie et d'inspiration que la situation eût réclamé, eût sans doute su employer cette force énorme. Cette population rongeait son frein, pour ainsi dire, et elle garde une immortelle rancune de ce qu'on ne lui a pas permis de faire davantage.

Est-il certain qu'on trouvât dans aucune autre capitale ou grande ville autant de patriotisme?

L'effet que la résistance de Paris a produit dans le monde prouve qu'on a bien compris ce que ce sentiment y eut de puissance véritable et de véritable grandeur.

La résistance de Paris nous a reconquis l'estime et la sympathie universelles. Elle a permis aux Français de prouver que le sang de leurs aïeux n'est pas appauvri dans leurs veines et qu'ils sont prêts encore à le répandre pour la défense de leur pays; elle a permis à nos armées improvisées de montrer, sur les bords de la Seine, dans le Doubs ou dans le Nord, à Coulmiers ou à Bapaume, que si elles n'avaient pas l'organisation qui donne définitivement la victoire, elles avaient du moins l'ardeur et la bravoure qui font sacrifier noblement la vie. Il s'en fallut de peu que l'immense et puissante machine longuement et patiemment dressée contre nous ne fût détraquée et brisée par ces vaillants efforts. M. de Bismark lui-même, toujours s'il faut en croire nos journaux, en aurait fait l'aveu à M. Jules Favre : « Sans la campagne de ravitaillement, aurait-il dit, que nous avons faite en Normandie, et qui a été si heureuse pour nos armes, nous aurions pu être compromis. »

Grâce enfin à la résistance de Paris, nous n'avons ni lutté sans gloire, ni succombé sans honneur.

PAR BALLON MONTÉ

LETTRES ENVOYÉES DE PARIS

PENDANT LE SIÉGE

LETTRE I

Dimanche, 4 septembre 1870.

Les Prussiens sont à trente lieues de Paris; rien ne saurait plus s'opposer à leur passage.

Nous sommes défaits, écrasés. Notre incurie, notre légèreté, notre ignorance ont reçu une cruelle leçon, il faut l'avouer. L'ennemi triomphant qui s'avance vers nous a le droit d'être fier de nous avoir infligé des désastres tels, que nous n'en avions point subi depuis des siècles. Le ressentiment et la haine jalouse lui ont donné la patience de préparer longuement ces succès, d'en attendre l'heure silencieusement, de nous laisser nous heurter au piége comme des étourneaux que nous sommes. Il a démasqué alors la formidable machine qu'il organise depuis tant d'années. Nous nous doutions à peine de cette haine opiniâtre et invétérée. Prompts à nous irriter, mais incapables de garder tant de fiel au cœur, nous refusions d'y croire, alors même qu'on nous en avertissait, qu'on nous criait de nous mettre sur nos gardes.

Nous accueillions sans défiance la multitude des Allemands qui nous envahissaient. Nous les enrichissions; séduits par leur apparente bonhomie, nous leur donnions souvent le pas sur les enfants du sol. Cette hospitalité, cette sociabilité a été une des principales causes de nos revers. Ces Allemands, choyés chez nous, n'avaient qu'une pensée, c'était de surprendre nos côtés faibles, d'étudier notre territoire au point de vue stratégique, d'espionner nos armements ou nos désarmements, de nouer des relations dans nos villes, de se rendre capables enfin d'être les éclaireurs et les guides des armées qui viendraient nous égorger et nous ruiner. C'est une ombre sur toute cette gloire militaire. Quelque fautes que nous ayons commises, peut-être les sympathies de l'histoire seront-elles pour nous plutôt que pour nos vainqueurs.

Dans six jours, dans dix jours au plus, ces vainqueurs de Wissembourg, de Wœrth et de Sedan se déploieront sous nos murs, et la grande ville sera face à face avec l'ennemi.

Paris les attend : les rues et les boulevards sont hérissés de baïonnettes. On n'entend que le bruit du tambour, le roulement des caissons d'artillerie, le pas mesuré des bataillons. Des parcs de bestiaux occupent les squares et les jardins. Les grands bœufs normands ruminent tout le long du boulevard Saint-Jacques et du boulevard d'Enfer. Les moutons remplissent par milliers le Luxembourg.

Les théâtres sont transformés en ambulances, et le drapeau blanc de Genève, à la croix rouge, flotte sur les dômes des édifices et aux fenêtres des maisons.

LETTRE II

Lundi, 5 septembre

Hier, vers trois heures après-midi, la République a été proclamée à Paris, à la grande joie de la bourgeoisie et du peuple. La population paraît enchantée. Les rues, pleines de foule, ont un air de fête. Cependant, nous voici en révolution devant une invasion étrangère; cela fait double péril.

LETTRE III

Mardi, 6 septembre.

La fête continue. Manifestations, promenades, chants nationaux, cohues sur les places et sur les boulevards. A la place de l'Hôtel-de-Ville, on acclame le gouvernement de la défense nationale, formé de la députation de Paris. A la place du Palais-Royal, on acclame le général Trochu, gouverneur de Paris et président du gouvernement. La plus éclatante popularité environne ce général, qui va avoir une si redoutable mission à remplir.

En attendant le fléau qui les menace, la préoccupation principale des Parisiens est de faire gratter les médaillons de l'Empire, de faire effacer les *N* et les *E* qui se trouvent sur les monuments publics. La foule a obligé les fournisseurs brevetés de la cour de supprimer les armes impériales dont leurs magasins étaient blasonnés. Les passants ameutés exigent que les portraits ou les photographies des ex-majestés disparaissent des étalages. Partout où se montre le profil impérial, sur une affiche, même sur une couverture de livre, on lui fait la chasse.

Le Napoléon III en relief, fondu en bronze par Barye, qui était incrusté au-dessus du guichet de la place du Carrousel, à peu près en face du pont des Saints-Pères, a donné beaucoup de mal aux ouvriers chargés de l'extraire de son médaillon. Il a fallu deux journées pour en venir à bout, et pendant ces deux journées plusieurs centaines de personnes n'ont cessé de stationner sur le quai pour contempler les exécuteurs.

On paraît ne pas plus songer aux Prussiens que s'ils étaient au delà de nos frontières. L'incurable légèreté de cette population éclate dans tout son jour. Les Parisiens oublient aisément la veille; mais surtout ils sont imprévoyants du lendemain : il semble que cette faculté de prévoir le lendemain n'existe pas chez eux, que ce soit une lacune de leur cerveau. Ils sont toujours à l'heure présente, au spectacle présent. Ils ont été gâtés par le soin qu'on a pris d'eux, par les ménagements dont on a usé de tout temps à leur égard, par les flatteries qu'on leur a prodiguées. On a mille fois plus abusé de la flatterie à l'égard du peuple parisien qu'à l'égard de Louis XIV ou du plus adulé des monarques. Il n'est point d'échauffourée qu'il n'ait entendu, depuis cent ans, qualifier de sublime. Ceux qui en profitent lui crient à n'en plus finir : Peuple, tu es grand, peuple, tu es héroïque, peuple, tu es impeccable ! Ses crimes et ses usurpations ont trouvé de complaisants admirateurs. Il a été revêtu d'une sorte d'infaillibilité politique. Aussi, pareils aux enfants, les Parisiens agissent-ils comme s'ils ne pouvaient mal faire et se jettent-ils aveuglément dans les plus périlleuses aventures, comme si rien de redoutable ne devait jamais s'ensuivre. On dirait qu'ils sont protégés par quelque pacte inviolable. Il n'y a évidemment dans toute cette foule aucun sentiment du danger, pourtant si réel, qui s'approche, ni des cruelles épreuves auxquelles elle va bientôt être soumise.

Le *Journal officiel* de la République française publie ce matin la proclamation suivante :

« A l'armée,

« Quand un général a compromis son commandement, on le lui enlève.

« Quand un gouvernement a mis en péril, par ses fautes, le salut de la patrie, on le destitue.

« C'est ce que la France vient de faire.

« En abolissant la dynastie qui est responsable de nos malheurs, elle a accompli d'abord, à la face du monde, un grand acte de justice.

« Elle a exécuté l'arrêt que toutes vos consciences avaient rendu.

« Elle a fait en même temps un acte de salut.

« Pour se sauver, la Nation avait besoin de ne plus relever que d'elle-même et de ne compter désormais que sur deux choses : sa résolution, qui est invincible, votre héroïsme, qui n'a pas d'égal et qui, au milieu de revers immérités, fait l'étonnement du monde.

« Soldats! en acceptant le pouvoir dans la crise formidable que nous traversons, nous n'avons pas fait œuvre de parti.

« Nous ne sommes pas au pouvoir, mais au combat.

« Nous ne sommes pas le gouvernement d'un parti, nous sommes le gouvernement de la défense nationale.

« Nous n'avons qu'un but, une volonté : le salut de la Patrie par l'Armée et par la Nation, groupées autour du glorieux symbole qui fit reculer l'Europe il y a quatre-vingts ans.

« Aujourd'hui, comme alors, le nom de République veut dire :

« UNION intime de l'Armée et du Peuple pour la défense de la Patrie!

« Général TROCHU, EMMANUEL ARAGO, CRÉMIEUX, JULES FAVRE, JULES FERRY, GAMBETTA, GARNIER-PAGÈS, GLAIS-BIZOIN, PELLETAN, E. PICARD, ROCHEFORT, JULES SIMON. »

Ce que la France vient de faire, comme le prétend la proclamation, elle l'a fait à son insu : son consentement doit le ratifier. Il faut donc, le plus tôt possible, la consulter. Il faut constituer une nouvelle Assemblée, une nouvelle représentation nationale. Si Paris ne veut ou ne peut le faire, les départements doivent y aviser sans retard. Qu'ils aient à leur tour un peu d'initiative !

LETTRE IV

Jeudi, 8 septembre.

M. Jules Favre adresse aux agents diplomatiques, sous la date du 6 septembre, une circulaire dont j'extrais ces lignes :

« Nous ne céderons ni un pouce de notre territoire ni une pierre de nos forteresses.

« Une paix honteuse serait une guerre d'extermination à courte échéance.

« Nous ne traiterons que pour une paix durable. »

C'est très-bien dit, sans doute, et l'on ne saurait qu'approuver ces patriotiques sentiments. Il me semble toutefois qu'il eût mieux valu adopter un autre rôle, déclarer que, l'empire disparu, on continue la guerre engagée par l'empire, et qu'on la continue avec résolution et vigueur. Voilà tout. Ce fait pressant, inéluctable, est en effet toute la mission du pouvoir de fait sorti du mouvement du 4 septembre. Il doit réorganiser, il doit agir. Mais il ne lui appartient pas de proclamer la volonté nationale, d'annoncer les intentions du pays, de déterminer à quelles conditions la France acceptera ou refusera la paix. Le devoir du gouvernement est à coup sûr de ne rien préjuger sur ces questions, de les laisser entières, de mettre la nation en avant et de s'effacer derrière elle. Tout en partageant les nobles résolutions qu'elle exprime, il est permis de trouver que la circulaire de M. Jules Favre est d'un orateur plutôt que d'un diplomate. Nous ne savons pas nous taire : toujours les paroles remplacent les actes. Avec quelle légèreté nous avons, gouvernement et nation, engagé cette guerre terrible ; et nous continuerons comme nous avons commencé.

LETTRE V

Lundi, 12 septembre.

Des gardes mobiles de toutes les provinces de France sont débarqués à Paris. On les a logés chez les habitants, qui les ont bien accueillis. On les rencontrait ces jours-ci sur les boulevards, dans les rues, un billet de logement à la main, interrogeant les passants, perdus dans la grande ville.

Beaucoup n'entendent pas le français, ne parlent et ne comprennent que leur patois.

Ils ont bonne mine ; ce sont de jeunes gaillards vigoureux, l'air tranquille, mais décidé. Ils font plaisir à voir, quand ils passent en troupes. L'honnêteté respire sur leur visage ; on sent qu'ils ont l'âme saine autant que le corps robuste. L'ennemi aura à compter avec eux, certainement : à la bonne heure, c'est la vraie France qui vient combattre avec nous.

Quelle différence avec la garde mobile de Paris, bruyante, indisciplinée, qui afflige un public, exempt pourtant de pruderie, par ses désordres et par ses scandales : officiers et soldats traînant sans cesse dans les rues des filles effrontées, faisant tapage dans les mauvais lieux, ne se signalant partout où ils vont que par des pillages et des tumultes.

LETTRE VI

Mercredi, 14 septembre.

L'ennemi arrive ; rien ne peut s'opposer à sa marche. Dans trois jours, dans deux jours peut-être, ils seront sous les murs de Paris. Beaucoup de monde s'en va. Ma famille est, depuis quelques semaines déjà, dans notre pays natal. La plupart de mes camarades, au moins de mes camarades provinciaux, sont partis. Je reste ici fort isolé.

Plus d'une fois la tentation de rejoindre les miens s'est présentée à mon esprit. J'y ai résisté et j'y résiste encore. Quitter Paris me semblerait un acte de pusillanimité, quoique je n'aie aucune prétention à l'héroïsme militaire. Il est bien tard pour commencer mon apprentissage guerrier. Mais chacun, dans son humble sphère, peut être utile par son attitude, par son influence, par sa présence seule.

C'est un devoir de ne pas déserter, à l'heure du

péril, la grande cité que j'habite depuis près de trente ans, cité qui m'est chère, à laquelle se rattachent mes souvenirs de jeunesse, où j'ai pu m'adonner à mes travaux et arranger ma vie selon mes vœux et selon mes goûts. Depuis quelques jours, à mesure que je vois l'invasion s'avancer vers Paris, j'aime à le parcourir dans tous les sens et à sentir sous mes pieds l'asphalte de ses boulevards ou le sable de ses promenades. Quand éclate un ouragan, le marin doit ainsi, s'il n'est pas trop occupé à la manœuvre, parcourir le vaisseau qui l'a longtemps porté.

Où aurais-je trouvé, comme dans cette ville incomparable, et ces bibliothèques où j'ai si longtemps étudié notre littérature et notre histoire, et ces spectacles qui étaient des fêtes pour l'intelligence, et cette fréquentation d'esprits éminents, et ces ouvertures infiniment variées sur la vie et sur le monde.

Avec la fortune la plus modeste, j'ai pu y goûter les jouissances les plus aristocratiques et les plus hautes satisfactions morales. Il n'est point de pauvre à Paris, il n'est point de déshérité ; il suffit de savoir apprécier ce que la grande ville offre à ses enfants et à tous ceux « qu'en son sein elle n'a point portés » et qui lui viennent de tous les points de l'horizon. Elle a pour eux les plus magnifiques palais et leurs vastes jardins, les musées d'une richesse sans pareille, les cours publics faits par les maîtres de la science et de l'éloquence ; les expositions où chacun est fait juge des tentatives nouvelles de l'art ou de l'industrie. Il n'est point d'aptitude qui ne trouve à s'y développer. Il n'est point d'avidité de savoir qui ne trouve à s'y rassasier. Il n'est pas de curiosité délicate et rare qui ne trouve à s'y exercer. On est là comme aux premières loges du spectacle humain, aux avant-scènes de la civilisation.

Presque tous les jours, j'erre encore, pendant une heure de l'après-midi, sur ces quais de la Seine où la flânerie devient instructive ; où, tout en suivant sa méditation ou sa rêverie, on laisse ses regards s'arrêter sur ce résidu du travail intellectuel des générations passées que le temps y apporte. Les boîtes des bouquinistes ont perdu la plupart de leurs visiteurs journaliers. Je suis un des derniers à y jeter un coup d'œil distrait. Il me semble que ces douces habitudes, que ces innocents loisirs n'en ont plus pour une longue durée, et je m'y rattache comme si je m'y livrais pour les dernières fois.

LETTRE VII

Dimanche, 18 septembre, 1er jour du siége.

L'investissement de Paris par l'armée prussienne est accompli. Toutes les lignes de chemins de fer sont interceptées. Un vaste réseau de soldats s'est déroulé autour de nous.

Pendant les journées précédentes, les retardataires de la banlieue, ceux qui n'avaient voulu quitter leurs foyers qu'à la dernière extrémité, sont entrés en longues files dans Paris, amenant leurs pauvres mobiliers, amenant leurs vaches et leur basse-cour. Ces réfugiés offrent un triste spectacle. Ils ne sauvent, pour la plupart, que les épaves de leur chétive fortune. Ils se plaignent amèrement des maraudeurs parisiens, qui, avant même que les malheureux eussent quitté leur demeure, venaient ravager leurs champs et leurs jardins.

Par les soins des municipalités, ils sont logés dans les appartements vacants. On raconte des épisodes touchants ou comiques de cet exode de la banlieue. Les bons paysans s'établissent sans façon et à la rustique dans les appartements fraîchement décorés et dorés. Ils y installent des hôtes inattendus. Les coqs se mirent en chantant dans les glaces des salons ; et le boudoir des coquettes devient, dit-on, l'asile de dom Pourceau exilé de son fumier. Heureusement pour les propriétaires, la plupart ne sont point là pour être témoins de ces profanations de leurs immeubles.

LETTRE VIII

Mardi, 20 septembre, 5e jour du siége.

La lutte sous les murs de Paris a commencé hier lundi. Notre armée a voulu défendre les hauteurs de Châtillon. Ces hauteurs sont peut-être la position la plus redoutable pour Paris assiégé. Elles dominent de très-près les forts de Montrouge, de Vanves et d'Issy ; elles dominent, à moins de cinq kilomètres, la ville elle-même. J'ai toujours considéré d'un œil défiant ces collines que je vois de mes fenêtres. On avait commencé à élever une redoute sur le plateau ; mais les ouvriers qu'on y employait ne travaillaient qu'avec indolence. La redoute est inachevée. Le gouvernement a compris cependant la nécessité de faire un effort pour conserver cette position.

Le canon tonne depuis ce matin. Je sors et m'avance dans la direction de Montrouge. J'ai bientôt sous les yeux l'attristant spectacle d'une honteuse débandade. Je vois revenir des mobiles, des soldats, lignards, zouaves, canonniers, isolés ou par groupes. Ils s'arrêtent chez les marchands de vin, demandent à boire ; quelques-uns sont ivres déjà. Ils se plaignent d'avoir été surpris, mal commandés ; d'avoir été laissés sans vivres. Ce sont des récriminations stéréotypées ; ils savent qu'elles sont bien accueillies par une partie de la population qui ne se demande point si les chefs n'ont pas à se plaindre de leurs troupes autant au moins que les troupes ont à se plaindre de leurs chefs. Ils se servent de ce moyen habituel d'excuser leur indiscipline et leur lâcheté. La formule est donnée ; ils continuent à en faire usage, encouragés par la crédulité de la foule et par les excitations des journaux.

Cette fois cependant leur mauvaise tenue inspire de la défiance. Des gardes nationaux font la remarque que la plupart de ces fuyards n'ont pas fait usage de leurs armes, car il n'y a aucune trace de poudre dans le canon de leurs fusils. On en met quelques-uns en arrestation. Les francs-tireurs casernés à l'ancienne Closerie des Lilas, carrefour de l'Observatoire, reçoivent l'ordre de se saisir de tous les soldats débandés.

Ces francs-tireurs prennent position en éclaireurs sur le carrefour et sur les deux boulevards du Montparnasse et de Port-Royal. Chaque fois qu'un fuyard arrive, on l'emmène prisonnier à la Closerie.

Dans cette matinée du 19 septembre, une impression de tristesse navrante s'empara des habitants de Paris. Les bruits les plus alarmants circulaient. On s'attendait à une attaque immédiate des Prussiens et on tremblait qu'avec des troupes si démoralisées, avec une garde nationale qui s'organisait à peine, cette attaque ne réussît.

Vers midi, toutefois, on connut mieux les détails de l'action, et les courages se relevèrent un peu. On apprit qu'une aile seulement de notre armée, l'aile droite, s'était mise en déroute ; que tout le reste avait au contraire combattu vaillamment. Les zouaves, quelques bataillons de mobiles avaient pris la fuite. Les zouaves perdirent dans cette affaire le prestige qu'ils avaient aux yeux des Parisiens depuis la guerre d'Italie ; ils donnèrent le signal du sauve-qui-peut et déshonorèrent leur uniforme.

Le soir, les esprits se rassurent avec cette mobilité extrême propre au caractère parisien. On raconte que les hauteurs de Châtillon ont été reprises deux fois, et que si l'on a été obligé de battre en retraite par la défection de l'aile droite, le centre et l'aile gauche se sont retirés en bon ordre. La déroute du matin n'est plus qu'une panique à laquelle ont cédé de jeunes recrues et de mauvais soldats qui s'étaient enivrés la nuit dans les caves de Fontenay-aux-Roses. On écoute sans trop d'émoi la canonnade qui continue d'Ivry à Clamart.

Quand on rentre chez soi, cependant, et qu'isolé, on envisage la situation au bruit de ces détonations qui font vibrer nos vitres, on ne peut s'empêcher de faire de pénibles réflexions. Ce début de la défense n'est pas brillant. Combien de temps résisterons-nous ? Pourra-t-on empêcher l'ennemi d'entrer dans Paris? Obtiendra-t-on une paix acceptable? On agite en vain dans sa pensée ces redoutables questions. Ajoutez que la situation politique n'est pas moins grave que la lutte avec l'étranger n'est terrible. En supposant qu'on soit délivré de celui-ci, une crise violente éclatera infailliblement à l'intérieur. Comment surmonter ces dangers qui se multiplient de toutes parts? quand reviendra-t-on à des temps paisibles et prospères?

La campagne doit être magnifique à cette heure, là-bas où vous êtes. Je vois d'ici la Verte-Ecuelle[1] où vous passez sans doute presque toutes vos journées. Les arbres plient sous le fardeau de leurs fruits; les cor-

[1] Jardin désigné sous ce nom, avec une sorte de poésie prosaïque, par les gens du pays, parce que, situé au fond d'un repli de terrain, il forme comme une conque de verdure.

beilles de fleurs ont leur plus brillante parure. Tout autour s'étendent les prés verts avec leurs grands arbres. D'un côté, la ville élève ses grosses tours et ses clochers qui ferment l'horizon prochain. De l'autre côté se dessine la colline plus éloignée que surmontent les peupliers de la Garenne. L'air vivifiant de la mer passe sur vous ; et les soirées, pleines de calme et de silence, tombent sur le large paysage qu'estompe la brume bleue du Nord.

Cette vision me rassérène et me rend plus supportable le tintamarre belliqueux qui nous assourdit.

LETTRE IX

Samedi, 24 septembre, 7e jour du siége.

Le rapport du ministre des affaires étrangères sur la démarche qu'il a tentée auprès de M. de Bismark, vient d'être publié. Vous le lirez comme nous. La démarche n'avait aucune chance d'aboutir. Ces bases étant données : « Nous ne cèderons ni un pouce de notre territoire, ni une pierre de nos forteresses, » le représentant de l'Allemagne ne pouvait traiter sans tourner contre lui l'opinion de l'Allemagne ; et la France, à en juger du moins par Paris, ne semble pas disposée à faire de plus grandes concessions. La démarche toutefois était inspirée par un sentiment généreux, et le rapport est une œuvre de littérature bien réussie.

Ce rapport, qui met en relief l'insolence germanique, a fortifié toutes les âmes, raffermi toutes les résolutions, ranimé tous les courages.

Le 23 septembre, dès l'aube du jour, vers quatre heures du matin, je suis réveillé par une action très-vive, engagée au delà des forts de Montrouge et de Bicêtre, du côté de Villejuif. Les décharges bien distinctes des mitrailleuses, la canonnade et la fusillade ébranlent la maison. Elles continuent toute la matinée. Les nouvelles qui arrivent du théâtre de l'action sont excellentes. Un rayon d'espoir nous réchauffe les cœurs.

Une multitude avide de connaître les résultats de l'engagement monte comme un flot le boulevard Saint-Michel et descend la grande rue de Montrouge. Les bruits de victoire vont grossissant dans cette foule : les chiffres auxquels s'élève notre succès se multiplient en raison du carré des distances, comme on dit en mathématiques, à mesure qu'on s'avance dans la ville : le nombre des prisonniers est estimé à deux mille à Montrouge, à dix mille au Palais de Justice, à vingt mille au boulevard Bonne-Nouvelle. Il doit être de quarante mille à Batignolles et à Montmartre.

Les fronts sont merveilleusement rassérénés et l'on s'abandonne à une entière confiance dans le triomphe final.

L'affaire, quand on en connaît plus exactement les détails, est réduite à des proportions plus modestes. Elle est avantageuse, cependant. Les hauteurs de Villejuif, du Moulin-Saquet et des Hautes-Bruyères sont occupées par nos troupes qui s'y maintiennent et s'y fortifient. L'imagination, obligée de replier ses ailes trop rapides, se contente de ce résultat. On est heureux dans Paris. On serre joyeusement la main aux amis qu'on rencontre. Des journées comme celle-ci font bien et rehaussent les âmes abattues.

La résolution de tenir aussi longtemps qu'on pourra s'est emparée de la population entière. Cette résistance sera toutefois limitée fatalement par l'immensité de cette population parisienne. A en juger par l'aspect des rues, je crois qu'il y a plus de monde encore qu'en temps ordinaire. Si un nombre assez considérable d'habitants de Paris sont partis à l'approche des Prussiens, nous avons en plus la banlieue et beaucoup de transfuges des provinces de l'Est. L'armée et les mobiles de province comptent aussi pour un chiffre considérable. Il y aura certainement de la difficulté à faire vivre de telles multitudes privées de toutes communications avec le reste du pays, isolées comme dans une île inabordable ou sur un radeau.

Il faut déjà modifier un peu son régime. Tout ce qu'on mange frais et qu'on apporte au jour le jour de l'extérieur, disparaît ou enchérit très-sensiblement. Beurre, œufs, légumes, fruits ne tarderont pas à nous faire défaut. Aujourd'hui le beurre est à cinq francs la livre; les œufs à cinq sous pièce. La viande de veau n'est plus qu'un souvenir. Il faut se contenter de bœuf ou de mouton. Les marchands exploitent, du reste, la situation et élèvent leurs prix sans raison et sans prudence.

On s'attend à passer de pénibles moments. On est déterminé à les supporter sans faiblir. Paris est animé d'une véritable ardeur patriotique.

Il y a beaucoup de ressources dans le peuple parisien pour le bien comme pour le mal. Toutes les heures ne sont pas sombres dans ces journées qui s'écoulent. Si l'on est souvent en proie à de tristes pressentiments, on a aussi des émotions généreuses et puissantes. Nous vivons ces journées, nous les vivons avec un peu trop de fièvre peut-être; mais nous ne serons pas fâchés plus tard d'avoir traversé cette épreuve dont, je l'espère, nous nous tirerons bien.

LETTRE X

Samedi, 1er octobre, 14e jour du siége.

Le 12 septembre dernier paraissait le décret suivant :

« Le gouvernement de la défense nationale décrète :

« Les gardes nationaux réunis à Paris pendant le siége pour concourir à la défense de la ville et qui n'ont d'autres ressources que leur travail, recevront, quand ils en feront la demande, une indemnité de 1 fr. 50 par jour.

« Cette indemnité leur tiendra lieu de toutes les prestations en nature qui leur étaient attribuées par l'arrêté du 11 septembre 1870.

« Le gouvernement de la défense nationale est persuadé que les citoyens comprendront la gravité des charges qui peuvent résulter pour les finances du pays de la disposition qui précède, et qu'aucun des défenseurs de la cité ne réclamera l'indemnité ci-dessus fixée qu'en cas de nécessité.

« Les maires des arrondissements de Paris seront chargés de payer l'indemnité dont il s'agit, sur états fournis par les capitaines des compagnies, contrôlés par les chefs de bataillon, visés par les officiers généraux commandant les sections de la défense.

« Il en sera référé au général commandant en chef la garde nationale de Paris pour les détails d'exécution.

« Le ministre de l'intérieur est chargé de l'exécution du présent décret.

« Fait à Paris, le 12 septembre 1870. »

(*Suivent les signatures.*)

Le mouvement d'incorporation dans la garde nationale était déjà très-vif. On faisait queue pour s'inscrire aux mairies, et les citoyens qui obtenaient un fusil l'emportaient d'un air triomphant. Mais le décret du 12 accéléra singulièrement le mouvement. Il a fallu constituer plusieurs bureaux d'enrôlement dans chaque arrondissement. Bataillons sur bataillons se sont formés dans le même quartier, dans la même rue. On atteignit de la sorte au chiffre de deux cent cinquante-quatre bataillons au 30 septembre. On n'avait de fusils que pour armer deux cent vingt-cinq bataillons. On ferme les bureaux d'enrôlement qui étaient loin d'être oisifs. C'est ce que nous déclare un décret de ce jour :

« Le ministre de l'intérieur,

« Vu le rapport du général commandant supérieur des gardes nationales de la Seine ;

« Considérant qu'en exécution de l'arrêté ministériel du 6 septembre, il a été formé, outre les soixante bataillons anciens, cent quatre-vingt-quatorze nouveaux bataillons de garde nationale, ce qui constitue un effectif total de deux cent cinquante-quatre bataillons ;

« Considérant qu'il a été distribué jusqu'à ce jour deux cent quatre-vingt mille sept cent trente-huit fusils, et que cette distribution ayant épuisé toutes les réserves d'armes disponibles, on est dans l'impossibilité de répondre à l'armement de nouveaux bataillons,

« ARRÊTE :

« Toutes nouvelles inscriptions dans les bataillons déjà formés et toutes formations de nouveaux bataillons sont provisoirement suspendues. Un recensement sera effectué par les soins de l'état-major de la garde nationale ; il sera soumis au ministre de l'intérieur, qui statuera sur l'organisation et la destination des bataillons non armés.

« Paris, le 30 septembre 1870.

« *Le ministre de l'intérieur*,

« LÉON GAMBETTA. »

Cette incorporation des citoyens dans la garde nationale fut faite avec précipitation et désordre. Ce ne fut pas l'élite de la population qui s'y jeta avec le plus d'ardeur, et l'on ne pouvait s'empêcher de concevoir quelque appréhension en voyant armer des gens à figures plus que suspectes, des gamins, des *voyous*, pour dire le mot, la cohue enfin sans condition ni discernement. Des hommes, se faisant inscrire à plusieurs bureaux, trouvaient moyen, dit-on, de se faire donner plusieurs fusils. J'ai déjà vu ce spectacle, mais sur une moins vaste échelle, en 1848, et je me souviens de ce qui en résulta alors.

Les élections des officiers ont été faites dans de plus fâcheuses conditions encore que l'armement. On ne prit aucun renseignement sur ceux qui se portaient candidats aux grades. La plupart du temps on entrait dans des compagnies dont les cadres étaient déjà formés. A vrai dire, personne ne savait comment ils se trouvaient constitués et d'où venaient ces officiers de bataillons encore en voie de recrutement. Quand on assistait à des réunions électorales, on y entendait des discours plus violents que dans les clubs. Les orateurs qui débitaient les pires folies étaient nommés à coup sûr.

Ce qui est très-frappant aussi, c'est que, dans les discours qui enlèvent le plus sûrement l'élection, la menace n'est pas dirigée uniquement contre les Prussiens ; elle s'adresse aussi, et pour une large part, aux ennemis de la république et de la démocratie, et plus explicitement encore aux riches et aux aristocrates.

(Ce mot sert toujours et chacun en use pour désigner ceux qui, par leur fortune, leur éducation, leurs talents sont au-dessus de lui. Le chef de maison est un aristocrate pour son employé, l'employé est un aristocrate pour l'ouvrier en paletot; l'ouvrier en paletot est un aristocrate pour l'ouvrier en blouse, et même l'ouvrier qui a une blouse neuve et propre est un aristocrate pour celui qui n'a qu'une blouse vieille et salie.) Il y a dans toute cette effervescence plus d'un symptôme très-inquiétant pour l'avenir. Mais, dans l'heure présente, tout disparaît sous le voile éclatant du patriotisme.

Deux fois par jour, à sept heures du matin, à quatre heures du soir, on fait l'exercice deux heures durant, sur les carrefours et les places publiques. On ne se lasse point d'exécuter des marches et des contre-marches.

Deux fois par semaine, une fois au moins, on monte la garde aux remparts. Le bataillon se rend aux fortifications vers neuf ou dix heures du matin. La musique, le commandant à cheval, la cantinière, le drapeau excitent l'admiration du quartier. Les gardes nationaux marchent de l'air de gens qui vont remplir un important devoir. Ils ont généralement bonne apparence dans leur nouveau costume, car l'affluence des nouveaux enrôlés a changé l'ancien uniforme : le képi a remplacé le shako, la vareuse a remplacé la tunique; le pantalon, serré au pied dans des guêtres blanches ou jaunes, donne à la marche plus de légèreté. Dans quelques compagnies les hommes sont trop chargés; ils portent en sautoir une grosse couverture de laine roulée; ils ont des châles, des cabans pliés sur leurs sacs ; les sacs sont bourrés de provisions; ajoutez la gamelle, le trousseau, la gourde, etc. Mais, dans les compagnies où il règne un peu d'entente, on a pris des mesures pour se faire suivre de tout ce matériel dans des charrettes, et l'on marche libre et dégagé vers le bastion qu'on va occuper pendant vingt-quatre heures.

La corvée n'est pas bien dure jusqu'à présent. Les nuits sont belles et point froides. Les uns se couchent sur la paille des baraques ou des bâtiments servant de postes ; les autres demeurent assis dans des gourbis de feuillage, autour d'une table, causant, fumant, buvant. Quand le temps fraîchit, on fait un bon feu en plein air et l'on se presse autour.

Les sentinelles sont placées sur le parapet de quinze pas en quinze pas ; elles sont beaucoup plus nombreuses qu'il ne serait nécessaire : il y a un excès de zèle.

A moins de quelque maladresse d'un compagnon d'armes, et le cas n'est malheureusement pas rare, la faction est sans danger aucun. Elle éveille toutefois dans l'esprit un sentiment plus vif de la situation où nous sommes. Par-dessus le parapet, à travers les embrasures des canons, la vue peut embrasser l'étendue de la zone militaire où les moellons blancs des maisons démolies jonchent le sol. On cherche au loin les forts et, au delà des forts, l'ennemi que révèlent seules les canonnades nocturnes. D'autre part, on a sous les yeux la ville immobile et muette, sillonnée par les lignes symétriques des becs de gaz. On songe que l'attaque peut se précipiter d'un moment à l'autre et la mort pleuvoir sur ces maisons endormies.

Relevé de faction, on rentre dans les salles de baraquement, où non sans peine l'on gagne sa place parmi tous ces hommes étendus dans les attitudes les plus variées, enveloppés dans des couvertures de toutes les couleurs, sur lesquels une douteuse lumière jette de bizarres reflets. On cherche à prendre un peu de repos. De grand matin on est sur pied, en attendant les gamins qui, dès l'aube du jour, apportent *le Petit Moniteur*, *le Moniteur de la guerre*, etc. Vers onze heures, on cède la place à de nouveaux venus. Ainsi se passent ces journées au rempart. Elles ont un inconvénient qui ne se présente point partout avec la même gravité : pendant ces vingt-quatre heures, on boit un peu trop à l'extermination des Prussiens. Dans certains bataillons, cela se passe convenablement, et l'on ne compte, le matin, que quelques cas d'ébriété. Mais, en d'autres bataillons, il n'en est pas de même : c'est la sobriété qui y fait exception. Officiers et soldats ne cessent de fraterniser chez les marchands de vin ; et quand on vient relever le poste, la garde descendante est loin d'offrir un tableau aussi correct et satisfaisant que celui que la garde montante offrait la veille.

LETTRE XI

Dimanche, 2 octobre, 15e jour du siége.

Toul a été forcé de se rendre. Strasbourg a capitulé. Voici la proclamation du ministre de l'intérieur :

« CITOYENS,

« Le gouvernement vous doit la vérité sans détours, sans commentaires.

« Les coups redoublés de la mauvaise fortune ne peuvent plus déconcerter vos esprits ni abattre vos courages.

« Vous attendez la France, mais vous ne comptez que sur vous-mêmes.

« Prêts à tout, vous pouvez tout apprendre : Toul et Strasbourg viennent de succomber.

« Cinquante jours durant, ces deux héroïques cités

ont essuyé, avec la plus mâle constance, une véritable pluie de boulets et d'obus.

« Épuisées de munitions et de vivres, elles défiaient encore l'ennemi.

« Elles n'ont capitulé qu'après avoir vu leurs murailles abattues crouler sous le feu des assaillants.

« Elles ont, en tombant, jeté un regard vers Paris pour affirmer, une fois de plus, l'unité et l'intégrité de la patrie, l'indivisibilité de la République, et nous léguer, avec le devoir de les délivrer, l'honneur de les venger !

« Vive la France ! Vive la République !

« LÉON GAMBETTA. »

Les bataillons de la garde nationale vont l'un après l'autre rendre honneur à la statue de Strasbourg sur la place de la Concorde. Ils y vont musique et commandant en tête, des couronnes d'immortelles au drapeau et aux guidons, des couronnes d'immortelles aux fusils. On défile devant la statue. Un orateur du bataillon prononce un discours. On dépose les couronnes d'immortelles sur la statue, qui est ensevelie sous les fleurs et sous les drapeaux, et l'on se retire, tambour battant.

Je viens de voir un bataillon qui se rendait ainsi à la place de la Concorde. Tout en admirant le sentiment patriotique qui inspire cette démarche, je ne peux m'empêcher de sourire de la solennité qu'y apportent les gardes nationaux, de l'air de profond contentement d'eux-mêmes qui rayonne sur leurs visages, de la manière dont ils font sonner le pas. Ces manifestations sont évidemment le triomphe de la milice parisienne. Elle ne s'en fatiguerait jamais.

LETTRE XII

Mardi, 4 octobre, 17e jour du siége.

Les effets de l'investissement, quant aux vivres, se sont fait sentir dès les premiers jours. Maintenant, c'est pour la viande de boucherie que l'on commence à concevoir des appréhensions. Le gouvernement distribue tous les deux jours aux bouchers un nombre fixe de bœufs et de moutons. Quand les bouchers ont fini de partager au public ce qu'ils ont reçu, ils ferment leur étal, et plus rien jusqu'au surlendemain. Aussi, chaque jour de distribution, se forme-t-il, devant les boutiques, de longues queues de ménagères obligées d'attendre souvent deux ou trois heures pour obtenir un chétif morceau. Et l'on parle de prendre des mesures plus restrictives encore. Beaucoup de gens se rabattent sur la viande de cheval.

Il est impossible d'avoir des journées plus magnifiques que nous n'en avons depuis quinze jours. On en est fâché, parce que ce beau temps favorise l'ennemi plus que nous.

Ne croyez pas que Paris ait une physionomie désolée, que tous les visages soient sombres. Non, quelqu'un tomberait tout à coup au milieu de la ville : s'il ignorait les événements, il ne pourrait guère les deviner qu'en voyant le képi militaire qui couvre presque uniformément toutes les têtes. Partout le même va-et-vient que jadis, la même activité, la même foule, qui, chaque dimanche, prend, comme malgré elle, un air de fête.

On se couche d'un peu meilleure heure, voilà tout. Les boutiques ferment plus tôt. Plus de divertissements, plus de spectacles. Les spectacles se sont comme éteints peu à peu, l'un après l'autre, avant même l'investissement de Paris.

On ne se ressent pas de la privation de ces plaisirs depuis longtemps désertés. Ce qui est accablant, ce qui vous accompagne partout, c'est l'incertitude, ce sont les menaces de l'avenir, c'est la crainte de complications funestes. Ah! cette pensée qui est au fond de notre cerveau et qui ne nous lâche point, pèse lourdement. On est d'ailleurs désœuvré. Travail, affaires, tout est suspendu. On vit sur le passé, sans savoir quand ni comment le mouvement reprendra.

L'ouvrier n'est pas le plus à plaindre. Pourvu, par le gouvernement, de chauds vêtements de drap, recevant ses trente sols par jour, allant chercher ses repas à la cantine, prenant sa part à toutes les distributions, il passe ses journées sur la place publique, fait de longues stations chez le marchand de vin, promène son fusil et parle politique. Cette existence va parfaitement à l'ouvrier parisien. Mais lorsqu'il lui faudra renoncer à la solde et retourner à l'atelier, il ne s'y décidera pas sans peine, et les ambitieux qui le tenteront par l'espoir de voir se prolonger ce genre de vie l'entraîneront où ils voudront. Les ambitieux sans scrupules, les Blanqui, les Pyat, ne s'en feront pas faute.

Un moment viendra où il sera également impossible ou de supprimer ou de continuer cette haute paye assignée à la population parisienne. C'est l'impasse où nous jettent infailliblement les révolutions. La question est effacée pour l'heure; mais elle surgira quelque jour, et je ne crois pas que ce soient nos hommes d'État qui la résoudront.

LETTRE XIII

Mercredi, 5 octobre, 18e jour du siége.

Une souffrance qui commence à devenir bien sensible, c'est la privation absolue de nouvelles de l'extérieur. Nous n'avions pas cru, il faut l'avouer, à cet emprisonnement si étroit, à cette mise au secret de la ville tout entière, à ce parfait isolement où nous sommes du reste du monde. On se disait qu'il faudrait au moins un million de soldats pour embrasser l'immense enceinte de Paris, et que la Prusse était bien loin de disposer, pour le siége de la capitale française, d'une pareille quantité de troupes. Il paraît qu'il est possible de nous bloquer avec moins de monde, car rien ne nous parvient plus à travers les lignes prussiennes.

A Paris, nous nous servons des ballons pour demeurer en communication avec les départements.

Voici les renseignements que nous donne à ce sujet le *Journal officiel :*

« A la date d'aujourd'hui 5 octobre, *cinq* ballons montés, au compte de l'administration des postes, sont partis de divers points de Paris, emportant environ 100 kilogrammes de dépêches. Aucun, jusqu'à cette heure, n'est tombé dans les lignes prussiennes. C'étaient tous les anciens ballons existant à Paris qui, pour être lancés, ont subi des réparations indispensables. Ils appartiennent à l'administration des postes, qui les a achetés.

« Pendant ce temps on en fabrique de neufs, tant pour l'administration des postes que pour celle des télégraphes. Cinq ballons montés, cubant 2,000 mètres, ont été commandés à M. Eugène Godard, qui les livrera à des dates très-rapprochées : le premier sera prêt à partir le 8 octobre. De nouvelles commandes vont être faites en proportion des besoins.

« Les aéronautes ne font pas défaut. Ils se sont présentés eux-mêmes en grand nombre. MM. Duruof, Mangin, Jules Godard, Gaston et Albert Tissandier sont déjà partis ; les autres attendent leur tour avec impatience ; une école aéronautique se forme qui promet des sujets sur lesquels on pourra compter.

« Un comité de savants et d'administrateurs se réunit aujourd'hui même chez le directeur général des postes pour examiner et discuter les nouveaux projets concernant la transmission des dépêches par aérostats et toutes les améliorations susceptibles d'être apportées à ce moyen de transport. »

Je viens d'en voir passer un, bien haut dans les

nuages, au-dessus du Luxembourg; il est poussé par le vent du nord et porte à la province les dépêches de Paris. Je l'ai longtemps suivi du regard, l'accompagnant de mes vœux.

Nous pouvons donc, à travers le cercle de fer et de feu qui nous environne, envoyer nos souvenirs et nos embrassements aux êtres chéris qui sont loin de nous. Malheureusement, la réciproque n'a point lieu. Dans les cages attachées à leur nacelle, nos aéronautes emportent des pigeons voyageurs, qu'ils lâchent, lorsqu'ils sont descendus à bon port. Ceux-ci reviennent au colombier, rapportant sous leurs ailes les dépêches que les délégués du gouvernement leur confient; mais ces facteurs ailés ne se chargent point des messages des particuliers; ils sont réservés pour les messages officiels.

Il est sans doute plus aisé d'envoyer un ballon pardessus l'armée ennemie que d'en diriger un d'un point de la France par-dessus Paris. C'est égal, nos amis des provinces devraient bien imaginer un moyen de nous faire parvenir quelques nouvelles. Nous y aspirons comme le cerf altéré à l'eau des fontaines.

LETTRE XIV

Jeudi, 6 octobre, 19e jour du siége.

La semaine dernière, il y a eu de nouveaux engagements du côté de Villejuif. Nous sommes allés attaquer l'ennemi. Tant qu'on ne l'attaque point, il ne bouge ; il est probable toutefois qu'il ne perd pas le temps : il s'organise et se fortifie. Des avant-postes, on le voit faire de vastes travaux de terrassement et créneler les villages ; il faut essayer de le déranger dans ces occupations, car nous pourrions nous en ressentir plus tard.

Vendredi passé, le treizième corps d'armée commandé par les généraux Vinoy, Maud'huy, Guilhem, s'est porté vigoureusement sur l'Hay, Chevilly et Thiais. Mais on fut obligé de reconnaître que sur ces divers points l'ennemi était en forces, et d'ordonner la retraite. Nos pertes ont été sensibles. Le général Guilhem est tombé à la tête de sa brigade, frappé de six balles.

LETTRE XV

Vendredi, 7 octobre, 20e jour du siége.

Il fait si beau, l'air est si doux, que l'on regarde d'un œil d'envie ces collines boisées qui ceignent notre horizon. C'est le moment de l'année où l'on aime le mieux à parcourir ces jolis environs de Paris qui semblent faits tout exprès pour offrir aux habitants de la grande ville les plus agréables délassements de leurs fatigues et de leurs soucis. Il y en avait pour tous les goûts et pour tous les caractères ; il y avait les rendez-vous champêtres de la jeunesse bruyante ; il y avait des bois solitaires pour les promeneurs paisibles et méditatifs ; il y avait les bords de la Seine tout peuplés des canotiers en goguette ; et tout près de là les allées tranquilles des bois de Saint-Cloud, de Sèvres et de Meudon.

Le matin, quand on voit ce ciel bleu et ce riant soleil, combien on donnerait pour faire une course dans les champs ou sur les coteaux, pour déjeuner à Vilbon ou souper à Bougival !

Ces gens venus d'Allemagne la haine au cœur et le fer à la main nous le défendent. Tous ces charmants pays sont en leur pouvoir. Ils les saccagent ou les ruinent. Dans quel état, hélas! ils nous les rendront, quelle que soit l'issue de cette guerre maudite!

LETTRE XVI

Dimanche, 9 octobre, 22e jour du siége.

Nous avons des manifestations de la garde nationale de Montmartre et de Belleville presque tous les jours. Voici comment les choses se passent :

Le 5 octobre, vers onze heures du matin, quatre ou cinq bataillons armés de la garde nationale de Belleville ont débouché sur la place de l'Hôtel-de-Ville. En tête de ces bataillons marchait M. Flourens. Les musiques jouaient la *Marseillaise* et le *Chant du Départ*. Les gardes nationaux avaient tous leurs fusils, mais ils n'étaient point en uniforme; ils étaient tous en blouse ou en paletot. Trois vivandières ouvraient la marche, vêtues de leurs robes de travail, et portant en sautoir de grandes écharpes rouges.

On s'est massé sur la place avec beaucoup d'ordre, et les chefs de bataillon, Flourens, Millière, etc., suivis de leurs officiers, sont entrés à l'Hôtel de Ville. Ils ont été reçus par le général Trochu, MM. Gambetta, Garnier-Pagès, Arago, Ferry. M. Rochefort était absent. M. Flourens a pris la parole, et, dans un discours très-long et très-étudié, a demandé des armes perfectionnées, un système de défense plus actif et plus hardi, avec des sorties de la garde nationale, et la nomination immédiate d'un conseil municipal.

Voici, du reste, d'après M. Flourens lui-même, le texte exact de ses réclamations :

1° L'armement de la garde nationale de Paris avec les chassepots, qui jusqu'ici ont été exclusivement réservés à l'armement des gardes mobiles ;

2° Le changement complet de système militaire ; l'abandon de la tactique impériale, si malheureusement continuée encore sous la République, qui consiste à opposer constamment un Français contre trois Prussiens ;

3° La levée en masse de la nation tout entière ;

4° L'appel immédiat à l'Europe républicaine, aux révolutionnaires de tous les pays qui auront bien vite renversé tous les trônes, et, en particulier, au grand citoyen Garibaldi, dont les offres ont été si indignement méconnues ;

5° Les élections municipales immédiates, le peuple

français ayant seul droit de se gouverner par lui-même;

6° L'éloignement immédiat de toutes les personnalités justement suspectes qui occupent encore, à l'heure actuelle, des positions administratives ou politiques fort importantes, grâce auxquelles il leur est très-facile de trahir la République ;

7° La mise en ordre par la commune de Paris, élue par le peuple, des ressources et des subsistances qui existent encore dans notre ville, au lieu du gaspillage actuel.

Le général Trochu, MM. Gambetta, Garnier-Pagès, Ferry, ont répondu et ont opposé des refus à toutes ces demandes.

Le général Trochu a exposé le danger qu'il y aurait à effectuer des sorties importantes sans but déterminé, et à permettre à la garde nationale d'y prendre une part active sans instruction préparatoire et sans artillerie parfaitement organisée. Du reste, le général a promis d'employer leur courage. On activera l'habillement, on perfectionnera l'armement. Quant aux élections municipales, M. Gambetta a répondu que le gouvernement avait décidé qu'elles n'auraient pas lieu, et qu'en conséquence elles n'auront pas lieu.

M. Flourens s'est montré très-peu satisfait et a déclaré qu'il donnerait sa démission ; un membre du gouvernement lui aurait dit que c'était une affaire à régler entre lui et l'état-major de la garde nationale. En se retirant, M. Flourens s'est engagé à ramener avec le plus grand ordre son bataillon dans son quartier, et il a tenu parole. Le défilé s'est fait au départ avec une précision qui aurait fait honneur à de vieilles troupes. Quelques cris de « la Commune! » et de « vive la République! » se sont fait entendre. A trois heures, la place de l'hôtel-de-Ville était absolument vide et avait repris sa physionomie habituelle.

Le 8, nouvelle manifestation racontée ainsi dans le *Journal officiel* :

« Une affiche placardée sur tous les murs de la capitale et reproduite par quelques journaux invitait les gardes nationaux et les citoyens à se réunir le samedi 8 octobre, sur la place de l'Hôtel-de-Ville, pour demander l'élection immédiate de la Commune de Paris.

« Le gouvernement, confiant dans le bon sens et dans le patriotisme de la population parisienne, n'avait cru devoir faire à cette occasion aucun déploiement de force inaccoutumé.

« Vers une heure et demie se formait sur la place de l'Hôtel-de-Ville un groupe de trois ou quatre cents personnes criant : *Vive la Commune!* A deux heures, le 84e bataillon de la garde nationale (commandant Bixio) venait se déployer en cordon sur deux rangs le long de la façade de l'Hôtel de Ville. Ce mouvement provoqua une assez grande affluence de curieux, et les cris prirent une certaine intensité. Mais la masse des assistants restait indifférente à ces provocations; bien plus, tout autour de la place et dans les rues adjacentes, on protestait avec une vive énergie contre les meneurs qui compromettent le succès de la défense nationale par des excitations factieuses.

« Sur ces entrefaites, le général Trochu arrivait à cheval. Seul, laissant loin en arrière son état-major, il parcourut la foule et fut accueilli par les cris les plus sympathiques. Un peu plus tard, le général Tamisier était également acclamé.

« Cependant, le bruit se répandait dans Paris qu'une tentative était faite pour exercer une pression sur le gouvernement de la défense nationale. On vit alors accourir bataillons sur bataillons. Les groupes hostiles, comprenant leur impuissance, se retirèrent, et, la garde nationale ayant occupé la place dans toute son étendue, les membres du gouvernement présents à l'Hôtel de Ville descendirent pour la passer en revue.

« On ne saurait décrire l'enthousiasme des gardes nationaux et de la population. Les cris de : *Vive la République! Vive le gouvernement! Pas de Commune!* sortaient de cinquante mille poitrines.

« Après la revue, les officiers se rangèrent en cercle, et M. Jules Favre prononça les paroles suivantes :

« Messieurs,

« Cette journée est bonne pour la défense, car elle « affirme une fois de plus et d'une manière éclatante « notre ferme résolution de demeurer unis pour sauver « la patrie. Cette union intrépide, dévouée dans une « seule et même pensée, elle est la raison d'être du gou- « vernement que vous avez fondé le 4 septembre. Au- « jourd'hui, vous consacrez de nouveau sa légitimité. « Vous entendez le maintenir pour qu'avec vous il « délivre le sol national de la souillure de l'étranger ; « de son côté, il s'engage envers vous à poursuivre ce « noble but jusqu'à la mort, et, pour l'atteindre, il est « décidé à agir avec fermeté contre ceux qui tente- « raient de l'en détourner.

« Par un redoutable hasard de la fortune, Paris a « l'honneur de concentrer sur lui l'effort des agresseurs « de la France ; il est son boulevard, il la sauvera par « votre abnégation, par votre courage, par vos vertus « civiques, et, si quelques téméraires essayent de « jeter dans son sein des germes de division, votre bon « sens les étouffera sans peine. Tous nous eussions été « heureux de donner aux pouvoirs municipaux le fon- « dement régulier d'une libre élection. Mais tous aussi « nous avons compris que lorsque les Prussiens me- « nacent la cité, ses habitants ne peuvent être qu'aux

« remparts, et même au dehors, où ils brûlent d'al-
« ler chercher l'ennemi. Quand ils l'auront vaincu,
« ils reviendront aux urnes électorales; et, au mo-
« ment où je vous parle, entendez-vous l'appel su-
« prême qui m'interrompt! c'est la voix du canon qui
« tonne et qui nous dit à tous où est le devoir.

« Messieurs, un mot encore. Aux remerciments du
« gouvernement, qui est votre œuvre, votre cœur,
« votre âme, qui n'est quelque chose que par vous et
« pour vous, laissez-moi mêler un avis fraternel : que
« cette journée ne fasse naître en nous aucune pensée
« de colère ou même d'animosité. Dans cette grande
« et généreuse population, nous n'avons pas d'enne-
« mis. Je ne crois pas même que nous puissions appe-
« ler adversaires ceux qui me valent l'honneur d'être
« maintenant au milieu de vous. Ils ont été entraînés :
« ramenons-les par notre patriotisme. La leçon ne
« sera pas perdue pour eux ; ils verront par votre
« exemple combien il est beau d'être unis pour servir
« la patrie, et désormais c'est avec nous qu'ils vole-
« ront à sa défense. »

« Pendant ce discours, les acclamations de la garde nationale se mêlaient au grondement lointain de la canonnade.

« Une heure plus tard, malgré une pluie torrentielle et la nuit tombante, de nouveaux bataillons remplissaient la place de l'Hôtel-de-Ville, et les membres du gouvernement durent passer une seconde revue au milieu des mêmes démonstrations de sympathie et d'enthousiasme. »

Ces manifestations se renouvelleront, n'en doutez pas ; c'est à cela que le temps se passe. Les gardes nationaux, les uns dans un sens, les autres dans un autre, vont de leur quartier à l'Hôtel de Ville, de l'Hôtel de Ville à leur quartier. Les orateurs du gouvernement leur adressent de beaux discours et les passent en revue. Est-ce donc ainsi que se fait la guerre?

M. Gambetta est parti hier en ballon pour aller renforcer la légation de Tours. Je conçois que MM. Crémieux et Glais-Bizoin soient insuffisants ; et M. Gambetta fera mieux qu'eux, sans doute ; mais n'est-il pas déplorable que nous n'ayons point en de pareilles conjonctures un gouvernement assis sur de plus larges bases, embrassant la France d'une plus ferme étreinte et la faisant mouvoir avec plus d'unanimité et d'ensemble? Tandis que l'Allemagne, qui nous envahit, forme un corps puissamment organisé et dont aucune parcelle ne bouge, je devine la France déconcertée, recevant, comme les grenouilles de la fable, un dictateur qui, en propres termes, lui tombe des nues. Il faut convenir que le duel entre les deux peuples a lieu dans des conditions bien inégales.

LETTRE XVII

Vendredi, 14 octobre, 27e jour du siége.

Le quartier de l'Observatoire est en ce moment un séjour fait pour plaire à ceux qui aiment le bruit du canon. On entend tonner « le brutal » tout le long de la journée et souvent une partie de la nuit. C'est en effet de ce côté que l'ennemi serre de plus près la ville. On a essayé hier de le déloger des hauteurs de Bagneux et de Châtillon sans pouvoir y réussir. On a fait quelques prisonniers bavarois ; cela a suffi pour que les Parisiens fussent heureux.

Ce qui sévit en ce moment, c'est la manie de découvrir des espions. Il n'y en a que trop, assurément ; et il est urgent de les rechercher et de les poursuivre. Mais en ceci comme en beaucoup de choses, l'initiative des citoyens multiplie infructueusement et puérilement les vexations arbitraires. Aussitôt qu'un prétexte d'inquisition, de dénonciation, d'oppression taquine lui est fourni, le peuple en abuse : c'est sa tendance la plus prononcée, son penchant et son goût les plus caractérisés. Gardez-vous à la nuit close d'aller et venir dans votre appartement une bougie à la main, car, si vous passez un certain nombre de fois devant vos fenêtres, la foule se rassemblera dans la rue, les gardes nationaux envahiront votre domicile, et si vos explications ne les satisfont pas, si vous manifestez du trouble ou de l'humeur, vous courez risque de passer la nuit au poste.

Les passants sont inspectés par des regards ombrageux. J'ai vu ces jours-ci une femme d'une trentaine d'années victime de ces soupçons. Comme elle passait sur le trottoir assez rapidement, un citoyen lui trouva la démarche virile; il communiqua sa remarque à un autre citoyen qui l'approuva. Leurs gestes rassemblèrent vite quelques personnes. « C'est un homme! » disaient-ils en montrant l'objet de leurs soupçons; « c'est un homme! » répéta la foule. Aussitôt, la malheureuse fut entourée, prise, emmenée par les bras; elle avait beau protester, s'indigner. On la conduisit jusqu'à un établissement de bains, où l'on ordonna aux filles de service de vérifier si les habits du beau sexe qu'elle portait n'étaient point usurpés. Il paraît que la constatation lui fut favorable, car les citoyens la laissèrent aller. Mais la foule, dont l'imagination s'était donné carrière, n'accepta le verdict qu'avec hésitation, et suivit d'un œil peu convaincu la fugitive, qui fit bien de s'esquiver par quelque maison à double sortie, car je voyais le moment où de nouveaux venants allaient requérir une nouvelle vérification.

De pareilles aventures doivent être bien désagréables pour l'amour-propre des dames, n'est-il pas vrai? Les journaux racontent beaucoup de méprises analogues, dont quelques-unes ont eu des suites plus graves, sans parler des vengeances personnelles qui cherchent à se satisfaire par ce moyen. D'autre part, les journaux sont remplis d'histoires romanesques d'espions découverts.

Un journal racontait ces jours passés qu'un espion avait été arrêté sous le costume d'officier de la garde nationale. Mais voici un fait plus curieux encore. La semaine dernière, un banquier important de Paris reçoit la visite d'un agent de la police secrète : « Monsieur, lui demande celui-ci, reconnaissez-vous cette photographie? — Oui, c'est le portrait d'un brave homme qui a été employé dans ma maison et qui est parti peu de temps avant l'investissement. — Eh bien! monsieur, c'est un colonel de l'armée prussienne, et nous savons qu'il vient de passer au moins trois jours à Paris. Veuillez donner l'éveil à tous les employés de votre maison et qu'ils mettent la main dessus s'ils le rencontrent et le reconnaissent... »

Ce sont là les anecdotes courantes et les petites misères du siége.

LETTRE XVIII

Samedi, 15 octobre, 28e jour du siége.

Les journées n'ont plus le vol rapide qu'elles avaient autrefois. Le temps paraît long. Voilà bientôt un mois que nous sommes séparés de l'univers.

On commence à sentir la nécessité de serrer sa ceinture ; il n'est pas commode de se procurer des vivres, non qu'ils manquent, mais par suite des mesures qu'on a prises pour les distribuer. Ainsi, dans notre sixième arrondissement, on a supprimé toutes les anciennes boucheries et l'on a établi un certain nombre de boucheries nouvelles, dites *municipales*, chargées de débiter la viande au prix du tarif. On a distribué aux habitants de l'arrondissement une carte donnant droit chaque jour à cent grammes de viande pour chaque personne, ni plus ni moins. Mais il a fallu aller à la mairie faire queue pour se procurer cette carte ; mais il faut, toutes les fois qu'on s'en sert, faire queue à la porte des boucheries. On paye cher le petit morceau qu'on parvient à se procurer de la sorte.

De même pour le lard, pour les fromages, et pour tous les objets réquisitionnés par le gouvernement. Ils ont disparu de la circulation, parce que les marchands cachent ce qu'ils n'ont pas livré. Maintenant, la mairie met, par intervalles, un peu de ces objets en vente, moyennant des bons de portions, comme on fait pour la viande. Il faut se bousculer et presque se battre pour s'emparer d'un de ces bons. Lorsqu'on a le bon, il faut se bousculer et presque se battre au lieu de la distribution. Il est, comme on voit, à peu près impossible d'avoir sa part dans ces distributions des municipes. On dit de plus, et j'ai de bonnes raisons de croire qu'on ne se trompe point, qu'une partie des marchandises qui ont été requises au nom de l'intérêt public devient le partage de nombreux privilégiés, des habitués des mairies, des membres influents de la garde nationale, des distributeurs et de leurs amis, de sorte qu'il n'en reste pour la masse du vulgaire que des quantités insignifiantes. L'administration, sous la république comme sous la monarchie, se fait toujours la part du lion.

Le pain seul demeure abondant chez les boulangers, et coûte vingt-cinq centimes la livre, quarante-cinq centimes les deux livres.

En résumé, ce n'est pas encore la disette, mais le malaise s'accentue, pour ainsi dire. Malgré cela on est très-résolu. On se résigne aux pénibles privations que le sort de la guerre nous impose, pourvu que les Prussiens n'entrent pas dans Paris. Nous comptons sur le patriotisme des départements qui nous aideront de leur concours. Les mobiles de la Bretagne et de la Côte-d'Or que nous avons ici nous donnent confiance en l'énergie de la jeunesse provinciale. Ils se sont distingués dans nos premiers combats et ont été mis plusieurs fois à l'ordre du jour. A l'affaire du 13, le comte de Dampierre, chef de bataillon de la mobile de l'Aube, a succombé glorieusement. Ce sont là de nobles exemples qui seront partout suivis. L'espoir ne nous abandonne point jusqu'à présent.

LETTRE XIX

Vendredi, 21 octobre, 34e jour du siége.

Paris continue à être tranquille. Quelques canonnades, qui éclatent de temps en temps, n'excitent plus autant d'émotion que celles des premiers jours. L'ennemi ne nous attaque pas ; il faut aller le trouver pour faire le coup de feu. On s'attendait à une attaque le 19 octobre, jour anniversaire de la bataille de Leipzig. Il n'y a eu qu'une forte canonnade nocturne, toujours vers Montrouge et Bicêtre. L'horizon, absolument noir, était comme sillonné de rapides éclairs. Cela a commencé à partir de six heures après midi et a duré jusqu'à onze heures du soir environ, puis a repris vers trois heures du matin jusqu'au point du jour.

Si cette musique terrible ne nous rappelait fréquemment le voisinage de l'ennemi, nous pourrions aisément l'oublier, tant il se dissimule le plus possible et évite de se montrer. Avec une longue-vue, j'examine parfois le coteau qui s'étend entre Bagneux et Châtillon, et jamais je ne découvre rien. Jamais je ne distingue, ni sur la crête boisée, ni sur les pentes gazonnées et sillonnées de sentiers sinueux, la trace d'aucun être vivant. Ce coteau paraît absolument désert. Le moulin à vent a les ailes perpétuellement immobiles. Les maisons ne trahissent la présence d'aucun habitant. Le soleil a beau se jouer sur les sentiers et sur les prairies, jamais un être animé ne les descend ni ne les gravit. On dirait un de ces pays des contes féeriques, sur lesquels un puissant magicien a jeté un sort de mort. Pourtant, ni sentinelle ennemie, ni poste, ni batterie visible. Ils sont là toutefois ou bien près de là ; mais ils ne se révèlent que par l'effroi qui règne sur cette colline, d'ordinaire si riante et si animée.

Paris n'a rien à craindre de l'ennemi pour le moment. Les Prussiens sont en train de perdre du terrain plutôt que d'en gagner. On a sur beaucoup de points forcé leurs lignes à reculer. Un certain nombre de villages de la banlieue ont été réoccupés par les nôtres. Cela s'est traduit par une abondance soudaine de légumes frais qui se vendent par tas tout le long des trottoirs. Les légumes qui doivent se consommer immédiatement ne sont pas trop chers, mais ceux qui peuvent se garder, comme les pommes de terre, sont d'un prix excessif.

Malgré la question des subsistances qui nous tourmente de plus en plus, la population est calme; il n'y a point de désordre. Par intervalles, les bataillons de l'ancienne banlieue persistent bien à faire des manifestations à l'Hôtel de Ville, réclamant la *Commune* et des sorties en masse. Dans les réunions publiques, on soupçonne, on accuse le gouvernement. Mais ni les démonstrations des tirailleurs de Belleville, ni les excitations des clubs n'ont le pouvoir d'agiter Paris.

LETTRE XX

Mercredi, 26 octobre, 39e jour du siége.

Le cheval commence à jouer un rôle important au point de vue culinaire. On s'invite à dîner pour manger un rôti de cheval. Les personnes riches s'y mettent plus aisément que les ouvriers. J'ai pris ma part d'un filet de cheval, servi sur la table d'un membre de l'Académie, et mon concierge m'a déclaré, avec les gestes du plus profond dégoût, qu'il ne consentirait jamais à admettre cet animal à l'honneur de sa table.

L'âne, le mulet partagent, avec le cheval, le privilége de subvenir à l'alimentation des Parisiens assiégés, et ils l'emportent sur lui de beaucoup. Ils ont la chair tendre et savoureuse.

Je remarque que l'appétit est généralement très-vif. Le mien s'est sensiblement aiguisé. Est-ce la disette qui produit cet effet, ou n'est-ce que la saison qui devient plus froide? Les provisions que je réussis à me procurer ne font que paraître et disparaître.

La poule au pot de Henri IV ne coûte pas moins de

quatorze francs aujourd'hui. Je passais tout à l'heure rue Turbigo. Je vis une marchande qui, installée sur le trottoir, avait devant elle un unique lapin vivant, qui était tranquillement occupé à rogner une feuille de choux et qui semblait heureux du régal et fier de sa propre rareté. Une mère et sa fille passent. La fille, avec l'imprudence de son âge qui ne doute de rien, s'approche de la marchande et lui demande combien vaut son lapin : « Vingt francs ! » répond la marchande sans sourciller. La jeune personne se rejette en arrière dans les bras maternels comme si elle avait reçu un coup de pistolet à bout portant.

Une disette qui se fait vivement sentir dans les ménages est celle du charbon de bois. On en fabrique, à ce qu'il paraît, dans quelques endroits ; mais il n'en est pas moins d'un prix très-élevé, et difficile à obtenir.

Le temps est devenu froid ; voici le vent du nord après les pluies. On ne peut plus se passer de feu. Le bois de chauffage est à trois francs cinquante centimes les 100 livres, c'est-à-dire à peine plus cher que de coutume. On ne craint donc pas d'en manquer.

Les ballons partent toujours. Recevez-vous nos lettres ? Je détache les lignes suivantes dans un article de Théophile Gautier publié au *Journal officiel*. Il vous donnera une idée du départ de nos messagers.

« Le ballon gonflé, de couleur blanche, semblable

à une énorme perle bossuée, de celles qu'on appelle barriques, se déprime et palpite sous le vent, qui est encore d'une violence extrême. Un cercle d'hommes d'équipe, marins, soldats, aérostatiers, gens du quartier prêtant leurs bras robustes, se suspendent aux cordages d'amarre et retiennent à terre l'énorme sphère impatiente de prendre son vol, et secouant le poids dont on la surcharge. Un ingénieur mécanicien, auteur de plusieurs belles découvertes, M. F., et un colombophile avec sa cage de pigeons prennent place dans la nacelle où sont déjà arrimés les sacs de lettres, de journaux et de dépêches. Au cri de : « Lâchez tout ! » le ballon, libre de ses liens, s'élance, oscille deux ou trois fois, prend le vent, et monte avec une prodigieuse rapidité, comme s'il était aspiré par un tourbillon.

« En regardant s'élever et diminuer le globe blanchâtre dans le gris du ciel, ces beaux vers de Victor Hugo, si bien en situation aujourd'hui, nous revenaient à la mémoire :

Audace humaine ! effort du captif ! sainte rage !
Effraction enfin, plus forte que la cage !
Que faut-il à cet être, atome au large front,
Pour vaincre ce qui n'a ni fin, ni bord, ni fond,
Pour dompter le vent, trombe, et l'écume, avalanche ? —
Dans le ciel une toile et sur mer une planche.

« Oui ! nous disions-nous, l'effraction est plus forte

que la cage ; l'ennemi qui a cru nous enfermer dans une tombe muette, nous murer dans un sépulcre, n'a pu mettre de couvercle à son caveau. Notre prison a pour plafond le ciel, et l'on n'investit pas le ciel. La noire fourmilière des envahisseurs ne peut cerner l'azur, et l'homme délivré de l'antique pesanteur a, grâce au ballon, les ailes de l'oiseau. Hardi navigateur, il part sur son frêle esquif d'osier, traversant cette mer plus bleue encore que l'autre quand on a dépassé l'écume de nuages qui bientôt retombe à terre.

«Avec l'aréonaute s'envolent aussi nos pensées, nos vœux pour les chers absents, les épanchements de nos cœurs, tout ce qu'il y a de bon, de tendre et de délicat dans l'âme humaine. Sur ce frêle papier, tel qui affecte un sourire stoïque, a laissé tomber une larme. Les reverrons-nous jamais, ceux et celles à qui nous écrivons ayant le vent pour facteur et le ballon pour boîte aux lettres ? Cela dépend du caprice des boulets ou du hasard des bombes. Peut-être la tête adorée pour laquelle on trace ces petits caractères sur une pelure transparente qu'un soupir enlèverait, s'est-elle inclinée pâle et faible sur l'oreiller pour ne plus se redresser jamais. Quoi de plus navrant qu'une lettre adressée à un mort ! Mais éloignons ces idées pénibles, croyons à un sort meilleur et à un avenir plus favorable. L'espérance n'est-elle pas restée au fond de la boîte de Pandore pour consoler la pauvre humanité ?

« Partout dans les airs se croisent les ballons intrépides, passant plus haut que les balles des Prussiens et se moquant de leur projectiles. Voici les aéroscaphes de Nadar, de Dartois et d'Yon ; voilà les ballons de Godard et ceux de Wilfrid de Fonvielle, qui partent de différents points, poussés par le vent en dehors du cercle qui nous enferme. Ils vont dire à nos provinces que le cœur de Paris bat toujours et que la France, en accourant sous nos murs, nous trouvera bien vivants et résolus, un peu maigris et faméliques peut-être, mais elle nous apportera des provisions ; ils diront aussi à tous les faibles bien-aimés, dont il a fallu se séparer pour cette terrible épreuve, que nous ne les oublions pas et que le jour de la réunion approche. »

LETTRE XXI

Jeudi, 27 octobre, 40e jour du siége.

La population de Paris mérite qu'on lui rende justice. Tandis que, dans la plupart des villes assiégées, c'est le pouvoir militaire qui impose la résistance et qui commande l'héroïsme, à Paris, la volonté de la lutte est plus ferme et plus énergique dans la population. C'est l'esprit public qui a poussé à la fabrication des canons et qui a inspiré les mesures les plus vigoureuses; c'est lui qui a l'initiative. Le gouvernement ne fait que le suivre, et, il semble, avec quelque hésitation et quelque peine.

La résolution de ne pas laisser les Prussiens entrer à Paris est unanime. Ils ne pilleront ni la Banque ni le Trésor; ils ne dévaliseront ni nos musées ni nos bibliothèques. C'est en vain qu'ils peuvent contempler, des hauteurs qu'ils occupent, l'immense entassement de nos richesses accumulées par les siècles : elles ne deviendront pas leur proie. Guillaume s'en retournera en Allemagne, sans avoir trôné aux Tuileries. Voilà ce que nous nous disons, ce qui nous console et nous anime.

Les Prussiens ne s'attendaient pas à cette résistance. Paris avait été calomnié dans les dernières années et s'était calomnié lui-même. « Nous n'aurons qu'à donner un coup de pied dans la porte, disaient les généraux allemands, et nous entrerons aussi facilement que la garde dans une guinguette où l'on fait du tapage. » Ils n'ont pas trouvé, Dieu merci, l'entreprise si aisée.

Aussi font-ils tout ce qui leur est possible pour semer la division parmi nous, pour déconcerter et décourager les provinces. Ils publient à Versailles un journal en français qui n'a point d'autre but. Les feuilles allemandes annoncent que, des positions qu'ils occupent, les assiégeants entendent la fusillade dans les rues de Paris, où les partis sont aux prises. Ils le voudraient bien, mais ils en seront, je l'espère, pour leurs frais d'imagination.

Les éléments de trouble que l'immense cité recèle en son sein ont été jusqu'ici impuissants. Ce n'est pas que les passions ne s'agitent : bien des sottises et des extravagances se débitent dans les réunions publiques; bien des appels à la violence s'impriment dans les journaux. On y a une liberté illimitée. Si, par exemple, le journal *le Combat*, rédigé par le citoyen Félix Pyat, le journal *la Patrie en danger*, par le citoyen Blanqui, circulaient dans les départements, ils y répandraient sans doute un grand effroi. On nous croirait à la veille de nouveaux bouleversements et de la plus odieuse dictature. On se tromperait : l'influence de ces journaux et de ces clubs n'est pas aussi considérable que le ferait croire le ton impérieux qu'ils prennent. Les circonstances, en s'aggravant, peuvent, il est vrai, détruire l'équilibre qui s'est maintenu jusqu'à présent. Espérons que cet équilibre ne sera pas rompu, du moins tant que nous serons en présence de l'ennemi; c'est le point important.

Nous résistons résolûment aux envahisseurs. Mais la défensive ne suffit pas. Il faudrait briser les lignes d'investissement ; il faudrait passer à l'offensive. Les opérations militaires qui doivent avoir lieu dans ce sens paraissent lentes à l'impatience générale. Peut-être l'impatience est-elle mauvaise conseillère.

Quoi qu'il en soit, tant que le maréchal Bazaine tient dans Metz, tant qu'il lui reste une chance de briser les lignes qui l'investissent et de tomber sur les derrières de l'ennemi, nous avons l'espoir fondé de quelque éclatant retour de fortune.

LETTRE XXII

Vendredi, 28 octobre, 41e jour du siége.

Le journal de M. Félix Pyat, *le Combat*, publie, dans son numéro d'hier soir, la nouvelle suivante encadrée d'un filet noir.

LE PLAN BAZAINE

« Fait vrai, sûr et certain, que le gouvernement de la défense nationale retient par devers lui comme un secret d'État, et que nous dénonçons à l'indignation de la France comme une haute trahison.

« Le maréchal Bazaine a envoyé un colonel au roi de Prusse pour traiter de la reddition de Metz et de la paix au nom de Sa Majesté l'empereur Napoléon III.

« LE COMBAT. »

Cette nouvelle a-t-elle quelque fondement ou n'est-ce qu'une odieuse manœuvre politique? Nous savons et nous voyons clairement, par la polémique de ce journaliste, qu'il n'hésiterait point à faire passer l'intérêt de sa faction avant toute considération patriotique. Aussi penchons-nous tout d'abord vers la seconde supposition, et cette idée de l'exploitation odieuse du désespoir public nous remplit d'indignation et de colère.

Des gardes nationaux ont sommé M. Pyat de déclarer de qui il tenait l'affreuse nouvelle qu'il a jetée à la face de Paris. M. Pyat a nommé M. Flourens; M. Flourens a renvoyé à M. Rochefort, membre du gouvernement. M. Rochefort nie qu'il ait rien avancé de pareil. Le gouvernement affirme n'avoir pas de renseignements sur ce qui se passe à Metz. Il règne sur les boulevards une profonde irritation contre le journaliste; l'on déchire ou l'on brûle les exemplaires du *Combat* que l'on trouve dans les kiosques et chez les marchands.

LETTRE XXIII

Samedi, 29 octobre, 42e jour du siége.

Hier, nous avons attaqué et repris le Bourget ; on lit dans le rapport militaire du général de Bellemare :

« La prise du Bourget, audacieusement attaqué, vigoureusement tenu, malgré la nombreuse artillerie de l'ennemi, est une opération peu importante en elle-même, mais elle donne la preuve que, même sans artillerie, nos jeunes troupes peuvent et doivent rester sous le feu plus terrifiant que véritablement meurtrier de l'ennemi. Elle élargit le cercle de notre occupation au delà des forts, donne la confiance à nos soldats et augmente les ressources en légumes pour la population parisienne. »

Ainsi, voilà qui va bien ; nous allons revoir des pommes de terre sur le marché grâce à la vaillance de nos jeunes troupes et grâce à nos généraux compatissants.

LETTRE XXIV

Dimanche, 30 octobre, 43e jour du siége.

La soirée est horriblement triste. Nous avons reperdu le Bourget. On conte de navrants détails de la reprise de ce village par l'ennemi : nos soldats qui ne se gardent pas ; nos mobiles parisiens qui s'enivrent ; les renforts qui n'arrivent pas à temps ; la série des fautes accoutumées qui rendent pour nous tout succès impossible. C'est en vain que le gouvernement atténue l'importance de cet échec, après avoir fait hier sonner bien haut notre avantage. Admettons que le Bourget soit une position médiocre. Ce qu'il y a de grave et d'attristant, ce n'est pas d'en avoir été repoussés : c'est que cette affaire met au jour l'état de notre armée, l'incapacité du commandement, l'infériorité flagrante où nous sommes vis-à-vis de l'ennemi. Le Bourget est, à trois mois de distance, une sorte de pendant à Wissembourg, et nous continuons comme nous avons commencé.

Pourquoi la guerre a-t-elle toujours passé pour être

l'expression fidèle de la supériorité des peuples? Pourquoi les défaites sont-elles généralement plus décisives pour l'avenir des nations qu'elles ne le seraient certainement si elles n'étaient que des coups de force ou des jeux de la fortune? C'est que la consistance et la vigueur des nations ne se prouvent nulle part avec des conséquences aussi immédiates et aussi irrécusables que sur les champs de bataille. Les hauts rangs de la société y attestent ce qu'ils valent par l'habileté du commandement, par la fermeté du caractère, par l'instruction, par l'attachement au devoir, par l'aptitude à se faire obéir. Les rangs inférieurs y attestent ce qu'ils valent par le zèle, la constance, la subordination, la vigilance, le courage, toutes les fortes vertus d'un peuple sain et apte au progrès. C'est tout le contraire que l'impuissance militaire révèle chez un peuple : les chefs ne savent ni diriger ni commander; les soldats n'ont ni discipline, ni confiance, ni solidité; les liens se relâchent, la débandade est à l'état permanent. C'est presque toujours la société qui se reflète dans l'armée; là où il n'y a plus d'énergie guerrière, il n'y a plus souvent d'autre énergie. Prenons garde à nous! le mal est des plus graves.

La désolante vérité qui ressort de ce petit événement jette un noir abattement dans tous les esprits. Les boulevards sont couverts de groupes irrités. On exagère les douloureuses particularités de la défaite, comme on exagérait jadis les demi-succès de Villejuif et de Bagneux.

Le bruit de la capitulation de Metz reprend en même temps beaucoup de consistance. Le fait est affirmé comme positif par beaucoup de gens. On rentre chez soi en proie aux plus cruelles appréhensions.

LETTRE XXV

Lundi, 31 octobre, 44e jour du siége.

Ce jour a comblé la mesure de nos misères. Il a ajouté la discorde intestine aux malheurs qui nous accablaient hier.

La capitulation de l'armée de Metz, à laquelle on s'obstinait à ne pas croire, est au *Journal officiel* de ce matin.

« Le gouvernement vient d'apprendre la douloureuse nouvelle de la reddition de Metz. Le maréchal Bazaine et son armée ont dû se rendre après d'héroïques efforts, que le manque de vivres et de munitions ne leur permettait plus de continuer. Ils sont prisonniers de guerre.

« Cette cruelle issue d'une lutte de près de trois mois causera dans toute la France une profonde et pénible émotion. Mais elle n'abattra par notre courage. Pleine de reconnaissance pour les braves soldats, pour la généreuse population qui ont combattu pied à pied pour la patrie, la ville de Paris voudra être digne d'eux. Elle sera soutenue par leur exemple et par l'espoir de les venger. »

Cette catastrophe nous irrite. Une grande effervescence règne dans les rues. Vers quatre heures de l'après-midi, une personne de connaissance que je rencontre me crie : « L'affaire est faite ; le gouvernement est renversé, la Commune est installée à l'Hôtel de Ville ! » On bat le rappel dans tous les quartiers. Je signale, au milieu de ce brouhaha, un fait considérable dont connaissance nous est donnée en ces termes :

« M. Thiers est arrivé à Paris ; il s'est transporté sur-le-champ au ministère des affaires étrangères.

« Il a rendu compte au gouvernement de sa mission. Grâce à la forte impression produite en Europe par la résistance de Paris, quatre grandes puissances neutres, l'Angleterre, la Russie, l'Autriche et l'Italie, se sont ralliées à une idée commune.

« Elles proposent aux belligérants un armistice, qui aurait pour objet la convocation d'une Assemblée nationale. Il est bien entendu qu'un tel armistice devrait avoir pour conditions le ravitaillement, proportionné à sa durée, et l'élection de l'Assemblée par le pays tout entier.

« *Le ministre des affaires étrangères, chargé par intérim du ministère de l'intérieur,*

« JULES FAVRE. »

LETTRE XXVI

Mardi, 1er novembre, 45e jour du siége.

Le coup est manqué.

Toute la nuit, le rappel a retenti sinistrement dans les rues. Comme je suis sur la frontière de trois ou même de quatre arrondissements, le Ve, le VIe, le XIIIe et le XIVe, le tambour résonnait de tous côtés dans le silence nocturne. Il ne cessait d'un côté que pour recommencer d'un autre. On eût dit que tous les démons de la guerre étrangère et de la guerre civile se répondaient des quatre coins de la cité. Peu de gens auront, cette nuit, pu fermer les yeux. Ce matin, nous apprenons que le gouvernement de la défense nationale l'a emporté sur ses ennemis. Les détails de l'affaire sont encore confus. Je vous enverrai le récit officiel aussitôt que je l'aurai.

Aujourd'hui, jour de la Toussaint, le temps est beau. Il y a un monde énorme dans les rues. Tout ce monde a ses habits de fête. La foule se dirige, comme d'habitude, vers les cimetières. Qui se douterait de ce qui s'est passé hier et cette nuit?

Voici le récit officiel :

« La France ne peut avoir qu'une pensée : repousser l'invasion. Le gouvernement de la défense nationale, depuis son installation, a travaillé jour et nuit à chasser les envahisseurs. Paris l'a soutenu admirablement dans la lutte, par son courage devant l'ennemi et par sa résignation devant les privations qu'entraîne un long siége. On comptait sur nos divisions; nous les avons oubliées; il ne faut pas qu'elles renaissent. Une seule journée de désordre dans la ville nous est plus funeste que deux batailles perdues.

« Hier, le *Journal officiel* a appris aux Parisiens la nouvelle de la capitulation de Metz; le gouvernement n'avait connu ce désastre que la veille dans la soirée; fidèle à ses habitudes de sincérité absolue, il l'a publiée en la recevant. Il annonçait en même temps que l'ennemi avait repris le Bourget. Enfin, événement beaucoup plus grave, mais d'une nature bien différente, il mentionnait la proposition d'un armistice faite aux belligérants par les quatre grandes puissances, l'Angleterre, la Russie, l'Autriche et l'Italie. Une partie de la population s'est persuadé que cette négociation, ainsi introduite, non par nous ni par l'ennemi, mais par les grandes puissances européennes, était l'indice d'une arrière-pensée de capitulation. De cette erreur, de ces nouvelles ainsi rapprochées est née une émotion profonde qui, dès la nuit précédente, s'était manifestée par des attroupements sur le boulevard, et qui, vers deux heures de l'après-midi, dans la journée du 31 octobre, a jeté sur la place de l'Hôtel-de-Ville une foule composée de plusieurs milliers de personnes.

« A la suite de ces attroupements, un grand scandale s'est produit. L'Hôtel de Ville a été envahi, un comité de salut public a été proclamé, les membres du gouvernement ont été retenus pendant plusieurs heures comme otages. Vers huit heures du soir, le général Trochu, M. Emmanuel Arago et M. Jules Ferry étaient arrachés des mains de la sédition par le 106e bataillon de la garde nationale, commandant Ibos. Mais M. Jules Favre, M. Garnier-Pagès, M. Jules Simon, le général Tamisier et le commandant du 106e demeuraient prisonniers.

« Ce n'est que vers trois heures du matin que ces scènes lamentables ont pris fin par l'intervention des bataillons de la garde nationale, accourus en nombre immense autour de l'Hôtel de Ville, sous la direction de M. Jules Ferry. Les cours intérieures ayant été occupées par la garde mobile, plusieurs détachements du 106e bataillon de la garde nationale, du 14e, du 4e et les carabiniers du capitaine de Vresse ont fait évacuer les salles envahies, tandis qu'au dehors les gardes nationaux qui remplissaient la place, les quais et la rue de Rivoli accueillaient par d'immenses acclamations le général Trochu, passant sur le front des bataillons.

« Le gouvernement aurait pu, sans doute, en finir beaucoup plus tôt avec cette triste insurrection, mais il s'était fait un devoir d'éviter, par-dessus tout, une collision en face de l'ennemi. A force de patience et de mansuétude, on a pu éviter un conflit sanglant. C'est là un grand bonheur; mais de pareilles aventures ne peuvent se renouveler. La garde nationale ne peut être incessamment absorbée par la nécessité de mettre à la raison une minorité factieuse. Il faut que Paris se prononce une fois pour toutes. »

LETTRE XXVII

Samedi, 5 novembre, 49e jour du siége.

Le gouvernement de la défense nationale a cru devoir demander à la population parisienne si elle voulait oui ou non lui conserver ses pouvoirs. Avant-hier, jeudi, on a voté sur cette question.

Le résultat du vote a donné : pour Paris, 321,000 oui ; 53,000 non ; avec l'armée, 557,000 oui ; 62,000 non. Le gouvernement de la défense nationale est donc raffermi pour le moment. Mais avec les ennemis qui l'attaquent, ennemis toujours prêts à l'insurrection, et épiant une défaillance, guettant une occasion favorable, un mouvement comme celui de lundi est toujours à craindre. Nous continuerons de joindre l'inquiétude de révolutions intestines aux inquiétudes bien assez graves pourtant qui nous accablent. Nous sommes, comme dit le proverbe italien, entre les loups et le précipice,

Da un lato il precipizio, dall' altro i lupi.

Il est triste pour un pays d'être exposé à de perpétuels coups de main et livré à d'incessantes aventures; mais cela est triste surtout quand ce pays est en proie à l'ennemi qui l'écrase et le dévaste. A quoi a-t-il tenu qu'un nouveau gouvernement ne s'installât à l'Hôtel de Ville, contre la volonté de l'immense majorité, je ne dis pas seulement de la France, mais de Paris même? A peu de chose, croyez-le bien; et je ne suis pas sûr que ce gouvernement eût rencontré plus d'opposition que n'en a rencontré le gouvernement du 4 septembre. J'ai vu quelque part la recette suivante pour être membre d'un gouvernement :

« Les jours d'agitation, vous vous levez de bonne heure, vous déjeunez vite, et vous vous rendez immédiatement sur la place de l'Hôtel-de-Ville. Vous vous collez à la grille, en face la porte de l'Hôtel : c'est le point essentiel. Puis vous attendez la poussée.

« Si vous entendez un coup de feu, bien qu'il soit manifestement tiré par un de vos voisins, ou derrière vous, vous criez avec énergie : « C'est infâme ! on tire sur le peuple ! » La poussée arrive, la porte cède, vous suivez le flot qui vous porte dans une salle, où vous avisez une table et tout ce qu'il faut pour écrire.

« Vous couvrez immédiatement des petits papiers des noms des hommes du moment, en variant un peu les listes, pour faire bien voir que vous n'êtes pas exclusif; seulement, sur toutes les listes, vous inscrivez le vôtre en tête. Ceci pour prouver que vous avez la confiance de toutes les nuances d'opinion. Vous jetez ces petits papiers par la fenêtre.

« Enfin, vous lacérez avec un canif un tableau de prix, vous brisez une glace, et (attention !) vous demandez à un huissier de l'Hôtel un verre de vin de Bordeaux. S'il vous toise avec mépris, c'est à recommencer; s'il vous le sert, ça y est, vous êtes du gouvernement. »

Cette recette, si plaisante qu'elle paraisse, n'est pas mauvaise ; elle a failli l'autre jour réussir à plus d'un; je sais un citoyen absolument incapable de se conduire lui-même et pourvu depuis longtemps d'un conseil judiciaire, qui a été sur le point de devenir ainsi un de nos guides au milieu des conjonctures critiques où nous sommes. S'il n'a point réussi hier, il réussira demain.

LETTRE XXVIII

Dimanche, 6 novembre, 50e jour du siége.

Au-dessus de ces tristes tempêtes intérieures a surgi ces jours-ci une proposition d'armistice. M. Thiers, après avoir parcouru toutes les capitales de l'Europe, s'en était revenu, apportant le projet d'une trêve appuyé par les puissances neutres. Il s'était rendu à Versailles pour débattre avec M. de Bismark les conditions de cette trêve. Il s'agissait d'obtenir la suspension des hostilités pendant trois semaines, afin que la France eût le temps de nommer une Assemblée nationale qui déciderait si l'on devait continuer la lutte ou traiter de la paix.

La partie sensée de la population espérait beaucoup dans cet armistice et y voyait une issue possible à la situation de plus en plus redoutable où le pays a été précipité. Mais les braillards et les turbulents protestaient, au contraire, contre toute transaction avec l'ennemi tant qu'un soldat allemand serait sur notre territoire. Ceux-ci ne se demandent point quelles ressources nous avons pour parvenir à cette délivrance complète. Ils crient toujours et quand même à la trahison. Trahison avant, trahison après, c'est le « tarte à la crème » avec lequel on a toujours raison auprès de la foule.

Les négociations parurent d'abord prendre un tour favorable. Déjà l'on concevait l'espoir d'une prochaine solution. Les imaginations trop promptes affirmaient déjà que la paix était signée. Devant la probabilité de la fin du blocus, les denrées baissaient de prix, et l'on voyait reparaître aux vitrines des boutiques certains objets de consommation qui avaient depuis longtemps disparu.

La condition essentielle d'un armistice, c'était le ravitaillement de Paris au jour le jour, pendant la durée de cet armistice. La défense ne se serait plus trouvée, en effet, dans les mêmes conditions à la fin de la trêve, si l'on avait été obligé de consommer les approvisionnements de la ville tout le temps que les hostilités seraient suspendues. M. de Bismark n'élevait d'abord d'objections que sur les proportions de ce ravitaillement et sur les moyens d'exécution. Mais le 31 octobre, qui survint sur ces entrefaites, modifia les dispositions d'esprit du chancelier de la confédération germanique. Il rejeta le ravitaillement.

M. Jules Favre nous annonce qu'il a fallu renoncer à l'espoir de la trêve.

Le *Journal officiel* publie ce matin la note suivante :

« Les quatre grandes puissances neutres, l'Angleterre, la Russie, l'Autriche et l'Italie, avaient pris l'initiative d'une proposition d'armistice à l'effet de faire élire une Assemblée nationale.

« Le gouvernement de la défense nationale avait posé ses conditions, qui étaient : le ravitaillement de Paris et le vote pour l'Assemblée nationale par toutes les populations françaises.

« La Prusse a expressément repoussé la condition du ravitaillement ; elle n'a d'ailleurs admis qu'avec des réserves le vote de l'Alsace et de la Lorraine.

« Le gouvernement de la défense nationale a décidé, à l'unanimité, que l'armistice ainsi compris devait être repoussé. »

Nous commencions à espérer des nouvelles de nos familles. Le terrible cercle de fer et de feu allait être rompu, au moins pour quelques journées. L'air libre de l'extérieur nous arriverait. Nous reverrions la France et nous pourrions nous entretenir avec elle. Cette lueur qui scintillait dans les âmes est éteinte et les laisse plus sombres.

LETTRE XXIX

Jeudi, 10 novembre, 54e jour du siége.

Les gardes aux remparts deviennent très-dures. Si l'on n'a rien à redouter de l'ennemi, les rhumes et les pleurésies sont fort à craindre. La garde nationale n'en fait pas moins ce service, non sans quelques plaintes, mais avec persévérance.

Il faut, certes, tenir compte à nos gardes nationaux de cette persévérance méritoire ; mais, d'autre part, elle leur inspire une fatuité militaire bien étonnante. Quand on se mêle aux groupes de gardes nationaux qui sont en permanence sur les places publiques, on est surpris de l'assurance qu'ils témoignent. Ils ne doutent de rien. « Nous irons, disent-ils, à Berlin les mains dans nos poches. » Ils partiront en masses profondes, écraseront l'ennemi. L'espoir d'un armistice honorable qu'on avait entrevu les indignait. On voulait les empêcher de combattre et de vaincre. Ils ne discutent pas les probabilités ; ils ne mesurent point le chemin où ils s'élancent, ils n'en voient que l'espace encore facile qu'ils parcourent en ce moment. Pourtant, ce sont en grand nombre des gens établis, pères de famille, pas plus sots que d'autres quand il s'agit de leurs affaires privées.

On les entend dire des énormités qui sont vraiment comiques.

Ainsi, j'ai entendu faire ce raisonnement :

« En France, il y a sept millions d'hommes ; il faut que tous se lèvent, se mettent en marche, entourent les Prussiens. N'eussent-ils qu'un cure-dent à la bouche, ils les écraseront. Les Prussiens en tueront cent mille, puis cent mille, puis encore cent mille ; et ensuite? Il faudra bien qu'ils cèdent. »

Un autre proposait au gouvernement de partir en ballon pour aller chercher en Amérique 400,000 fenians, et faisait grand bruit qu'on ne lui fournît pas tous les moyens de réaliser son projet. Mais je crois que celui-ci était plus fin qu'il n'en avait l'air.

Les cafés ressemblent à des corps de garde. Habillés de la capote du fantassin, guêtrés ou bottés jusqu'aux genoux, les consommateurs ont leur fusil déposé dans un coin. Quelques-uns, ceux qui ont un grade, traînent à leur côté un grand sabre de cavalerie. De temps en temps, une discussion s'élève sur la valeur comparative du chassepot, du fusil à tabatière et du fusil à piston. Les démonstrations viennent à l'appui, et toutes les armes sont en jeu.

Pour eux, la stratégie n'a point de secrets. Il faut voir comme ils se prononcent sur toutes les opérations, et quelles manœuvres ils dessinent à travers la fumée de leur cigare ou de leur pipe.

Les vieillards sont plus enragés que les autres. Ils font leur partie de dominos, coiffés du képi marqué du signe des vétérans, et vêtus de la vareuse d'uniforme à laquelle le tailleur n'a pas épargné les galons.

Je sais des avocats qui vont au Palais ou ailleurs un fusil sur l'épaule et une serviette bourrée de papiers sous le bras. Jugez s'ils sont contents d'eux-mêmes! On ne peut plus appliquer ici le *Cedant arma togæ*. Les armes et la toge s'associent et règnent ensemble.

Je laisse à d'autres le soin de célébrer cet enthousiasme militaire. Si on allait au fond des motifs réels de ce travestissement général, on trouverait peut-être plus de poltronnerie que de vaillance. C'est une ostentation de zèle patriotique, qui vous met en règle vis-à-vis de vos voisins, et qui vous permet même de les censurer, s'ils ne vous imitent pas. C'est une sorte de protection qu'on s'assure. Ceux qui ont été le plus compromis sous l'empire par leurs opinions connues ou par leurs fonctions sont ceux qui éprouvent le plus grand besoin de faire montre de leur ardeur civique : les rédacteurs du *Pays, journal de l'Empire*, passeraient volontiers jour et nuit aux bastions, et on a peine à retenir les ex-sénateurs octogénaires de monter leur garde. Le costume de la garde nationale, maintenant que la garde nationale est la seule force publique, jouit de petites prérogatives qui ne sont pas non plus à dédaigner. Enfin, il satisfait le goût militaire inné chez les Français. Ce ne sont pas seulement les enfants qui, dans notre pays, jouent au soldat. On aime ce jeu à tous les âges. Le commis retraité, le bureaucrate fourbu, le négociant retiré des affaires se plaît à se regarder dans une glace, orné des insignes militaires ; il lui semble qu'il en acquiert plus de prestige dans son ménage. Il espère que les passants qui ne le connaissent point diront de lui : « Voilà un vieux brave ! » et sa vanité en sera d'autant plus chatouillée que sa carrière aura été plus inoffensive et pacifique.

Je laisse de côté l'état de guerre, qui peut justifier ce militarisme exagéré, et je songe à la situation politique qu'il nous prépare. Il a pour effet d'augmenter la présomption de la bourgeoisie parisienne. Elle se persuade de plus en plus qu'elle peut à elle seule suffire au maintien de l'ordre public dans une ville comme Paris, qui regorge d'un prolétariat surexcité par toutes sortes de passions dangereuses. Celui-ci s'organise d'une manière puissante et se prépare à des luttes civiles qu'on n'évitera point. La bourgeoisie sera débordée, et on la fera marcher au pas dans des voies qu'elle ne prévoit guère. Elle tire les marrons du feu pour Bertrand, qui les croquera.

« Pensez-vous, me disait un membre de l'Association internationale des ouvriers, que nous fassions l'exercice du matin au soir pour le roi de Prusse? Vous êtes naïfs, en vérité. Si nous apprenons à nous servir de nos armes, c'est que nous savons que par elles notre condition va changer et que nous serons les maîtres. La révolution sociale est faite; la bourgeoisie est finie, elle ne se relèvera plus. — Cependant, répondis-je, vous n'avez pas encore le pouvoir. — Nous l'aurons quand nous voudrons. Croyez-vous que ces masses populaires, armées, exercées, pourvues de munitions, rendront jamais les armes; et croyez-vous que l'armée, désorganisée par la guerre, puisse les leur faire rendre? Nous la connaissons, l'armée, et nous n'en avons plus peur. Allez, vous n'avez qu'à bien vous tenir! »

Si derrière ce mot : la révolution sociale, il y avait autre chose que des spoliations et des utopies, on se résignerait encore ; mais interrogez les promoteurs de ce mouvement, ils conviendront que les questions ne sont point résolues, que les théories sont confuses, incertaines, contradictoires; — et vous vous convaincrez que la révolution sociale, telle que le prolétariat parisien prétend l'accomplir, c'est tout simplement la ruine sociale.

Nul ne conteste que les classes les moins bien partagées de la nation sous le rapport de la richesse n'aient le droit de prétendre améliorer leur situation, et il serait peu sensé de s'imaginer qu'ayant le pouvoir elles ne chercheront pas à atteindre ce but ; mais il faut empêcher que cette œuvre de transformation s'accomplisse avec des violences et des secousses qui ébranlent et désorganisent la société.

Il y a deux cents ans que la Bruyère écrivait : « Mettez l'autorité, les plaisirs et l'oisiveté d'un côté; la dépendance, les soins et la misère de l'autre : ou ces choses sont déplacées par la malice des hommes, ou Dieu n'est pas Dieu. — Une certaine inégalité dans les conditions, qui entretient l'ordre et la subordination, est l'ouvrage de Dieu ou suppose une loi divine : une trop grande disproportion, et telle qu'elle se remarque parmi les hommes, est leur ouvrage ou la loi des plus forts. — Les extrémités sont vicieuses, et partent de l'homme : toute compensation est juste et vient de Dieu. »

Je n'ai garde de dire que nous soyons arrivés encore à une juste compensation. Mais il n'y a point de solution *a priori* de ces grands problèmes. Comptons sur la marche de la civilisation, si on ne l'empêche pas de continuer sa marche ; comptons sur l'expérience et sur la science pratique pour introduire peu à peu entre les conditions sociales cette proportion plus équitable dont parle la Bruyère. Mais quand il y a un soulèvement brutal contre la société et la civilisation, quand les passions hâtives et les espérances aveugles prétendent s'imposer par l'oppression, par le fer et par le feu, le devoir est de se porter résolûment dans le sens de la conservation ; celle-ci au moins ne compromet rien pour l'avenir; la destruction, au contraire, est irréparable. Quand on voit ce qu'a coûté chaque progrès, on frémit à la pensée que ce travail des siècles, que cette société française que nos prédécesseurs ont faite au prix de tant de vertus, de tant de souffrances, seraient perdus par notre faute. Quand on songe à quelles conditions le génie de l'homme en est arrivé, par exemple, à pouvoir créer, à une certaine heure, la Sainte-Chapelle ou la façade du Louvre; quelle lente et laborieuse ascension des intelligences, quel concours de toutes les circonstances propices il a fallu pour amener l'art à ces sommets de lumière. Quand on songe que chaque état de société qui se caractérise dans ces monuments que le passé nous a légués a été une étape nécessaire pour nous acheminer où nous sommes. Quand on songe à tout ce qui a été dépensé d'efforts et de sacrifices pour féconder cette terre, pour bâtir ces villes, pour édifier cette patrie, dont chaque grain de poussière représente une existence humaine bien employée, on tremble de voir des forcenés se jouer de ces choses sacrées et risquer de mettre en pièces l'œuvre de nos prédécesseurs. Aucun homme de cœur n'est de trop pour la défendre. Il ne s'agit pas, qu'on le sache bien, de défendre par égoïsme son capital et son avoir. Dieu merci, la tâche est plus noble et plus généreuse : il s'agit de sauver le patrimoine universel, c'est-à-dire la civilisation, dont nous sommes les dépositaires, et dont l'avenir nous demandera compte.

L'esprit de conservation et de défense de l'ordre social n'est pas contraire à l'esprit d'amélioration et de réformation, bien au contraire. Il s'irrite d'autant plus contre les abus qu'il est plus pénétré de la grandeur des intérêts qu'ils menacent. Il ne s'illusionne point, par exemple, sur l'insuffisance et l'incapacité de notre administration que la guerre a mises partout en évidence. Il reconnaît les excès du fonctionnarisme qui écrase notre budget sans que les services publics en marchent mieux. Il voudrait supprimer par les mesures les plus énergiques cet immense parasitisme qui nous épuise, et faire enfin que la responsabilité des employés de l'État cesse d'être un vain mot. Il voudrait aussi que la fortune, que la richesse eût soin de se justifier aux yeux de ceux qui ne la possèdent pas ; que ceux qui jouissent de ces avantages se pénétrassent bien de l'idée qu'ils leur imposent des devoirs et qu'ils ont à faire accepter la supériorité de leur condition. Ce n'est que par là, en effet, qu'ils la garderont et que notre société agitée se pacifiera. Cherchons par quelle éducation et par quelles sanctions ce résultat pourra être obtenu. Mais écartons les dangereuses panacées qui aggravent le mal au lieu de le guérir, et qui tuent le malade au lieu de lui rendre la santé.

Ne nous abandonnons pas; craignons tout ce qui peut donner aux perturbations auxquelles nous sommes en proie plus d'étendue et des conséquences plus redoutables, et c'est ce qui me ramène à cette institution de la garde nationale dont j'apprécie en ce moment la valeur.

La garde nationale, telle qu'elle existe à Paris, n'est plus un instrument d'ordre et de sécurité : c'est le peuple armé intervenant dans la politique. Elle ne fait que substituer la violence à la propagation légitime des idées. Au lieu de laisser celles-ci faire leur chemin pacifiquement et se vérifier par leur persistance, par la discussion et l'expérience, elle leur donne le moyen de s'imposer tout à coup, avant qu'elles soient venues à maturité. Elle fausse le suffrage universel, dont elle supprime les nécessaires lenteurs, et à qui elle ne laisse pas faire une éducation indispensable; elle refusera d'en tenir compte au besoin, au nom de formules arbitraires et absolues, et ne laissera subsister aucun principe de stabilité. C'est la force militaire mise au service des illusions et des passions populaires. Le souffle variable qui agite les multitudes, et les multitudes françaises plus facilement que les autres, au lieu de déterminer simplement une agitation des esprits que la réflexion ou des appréciations plus exactes ne tardent pas à dissiper, met en mouvement une armée toujours prête aux guerres civiles. Il me semble donc qu'il y aurait à transformer totalement cette institution. Il ne faut pas qu'il y ait entre la vie militaire et la vie civile ce régime bâtard. L'homme qui est sous les armes, pour quelque temps que ce soit, doit être soldat, ou sinon qu'il demeure dans son atelier ou dans son comptoir. Même en face de l'étranger, ce fantaisisme militaire, j'éprouve le besoin de créer ce mot, n'est pas suffisamment sérieux et sent la mascarade. Nous verrons un peu l'appoint qu'il apportera dans la lutte, si l'on peut l'utiliser.

LETTRE XXX

Samedi, 12 novembre, 56e jour du siége.

Il se fait, ce que vous ne supposeriez peut-être pas, bon nombre de publications de mariages; mais on remarque que ces mariages ont presque tous lieu entre personnes habitant même rue, même numéro. Or, pour quiconque connaît son Paris, cette mention désigne indubitablement des faux ménages qui se régularisent. On sait qu'à Paris le nombre des gens qui vivent comme étant mariés sans l'être, qui ont des enfants qu'on croit légitimes et qui ne le sont pas, est considérable.

Beaucoup de ces unions libres se font en ce moment légitimer. Les misanthropes prétendent que ces régularisations sont dues à un décret qui attribue une indemnité de soixante-quinze centimes par jour aux femmes des gardes nationaux; ils prétendent que c'est pour toucher ce supplément de solde qu'un grand nombre de pseudo-maris se décident à donner à leur ménage la consécration légale, et ils appellent ces mariages des « mariages à quinze sous. » Mais leur jugement est trop sévère pour la pauvre nature humaine. Ce ne sont pas seulement les gens pour qui cette indemnité est un appât qui font régulariser leur position ; ce sont aussi des personnes qui n'ont aucun besoin de ce secours et qui ne le reçoivent point. Les hommes qui ont glissé dans ces liens illégitimes, ceux-là surtout qui ont des enfants, voient le ciel se couvrir de nuages menaçants ; ils se disent que la vie tient à peu de chose en un pareil moment. Tandis qu'en temps ordinaire ils se laissent aller au courant de l'habitude, ne songeant pas à ce qui pourrait advenir de leur famille s'ils mouraient tout à coup, et se réservant d'y pourvoir plus tard, ils rentrent en eux-mêmes aujourd'hui et se disent qu'un accident peut les enlever d'un instant à l'autre. Que deviendrait alors leur compagne? que deviendraient leurs enfants? Ils n'auraient pas la protection de la loi. Il est désagréable sans doute de faire connaître à tout le quartier qui vous croit mariés qu'on ne l'est pas. Mais de toute manière il faudra bien en arriver là un jour ou l'autre. On passe donc sur cette fausse honte, et on va à la mairie et à l'église.

Ils obéissent à la même prévoyance tous ceux qui n'ont jamais songé à faire leur testament et qui le font aujourd'hui. Il est peu de gens, ayant à prendre quelques dispositions testamentaires, qui n'aient rédigé, qui ne rédigent ou ne rédigeront demain leurs dernières volontés. Chacun se recueille et, se sentant dans la main de Dieu, veut être prêt à partir à l'heure incertaine qui peut sonner à l'improviste.

LETTRE XXXI

Lundi, 14 novembre, 58e jour du siége.

Je connais un type assez curieux et qui ne doit pas être unique en ce moment, c'est celui de l'homme aux provisions. Le personnage que je connais a chez lui quatre personnes : sa femme, deux enfants et une domestique. Je crois qu'il ramasse assez de vivres pour les nourrir pendant une année. Il entasse dans tous les coins et recoins de sa demeure des boîtes de sardines, des boîtes de viande conservée, des boîtes de légumes secs. Il en a, il en a! il ne peut s'empêcher d'en rire lui-même en les voyant s'aligner au fond de ses armoires. Il m'a montré sa provision de biscuits de mer; elle suffirait à faire un voyage de découvertes au pôle Nord. « J'ai cinquante kilos de riz, me dit-il. — Cinquante kilos! m'écriai-je, vous voulez donc exterminer votre famille! — Au besoin, si les circonstances deviennent critiques, je pourrai, reprit-il en clignant les yeux, en faire largesse à mes amis, et alors ils ne se moqueront plus de moi. »

Je ne parle pas des piles de tablettes de chocolat, de deux ou trois pains de sucre, de grands pots de beurre de Bretagne, de caisses de bougies. Il n'a rien oublié, il a même une réserve de bouteilles d'eau de Saint-Galmier, pour le cas où il deviendrait difficile de se procurer de l'eau potable.

Quelques poules engraissent tant bien que mal dans sa cuisine. Des jambons, auxquels il n'ose toucher, ornent son garde-manger. L'arche de Noé était à peine mieux garnie. Je voudrais visiter sa cave : elle doit être curieuse à voir.

Il m'avoue qu'il sort rarement sans revenir au logis les poches bourrées de tout ce qu'il aperçoit sur sa route. « Que voulez-vous? me dit-il, je ne puis résister à la tentation. Je dépense un argent abominable, mais c'est plus fort que moi. Je trouve que mourir de faim est une sotte mort, et je prends mes précautions pour les miens et pour moi. »

Le pauvre homme est obsédé par la crainte de la famine. Son esprit est toujours en quête de ce qui pourrait en garantir sa famille. Mais il y a une ombre sur le tableau, un point noir à l'horizon. Il a peur des perquisitions domiciliaires que réclament les clubs.

Inquiet pour ses approvisionnements, il m'a demandé si je consentirais à lui garder chez moi une caisse de vivres. « Volontiers, lui ai-je dit, mais je vous en préviens : si la disette se fait sentir, je ne respecte pas la serrure. » Il n'a pas été effrayé de la menace ; il m'a envoyé, en effet, une lourde malle dont je reste le dépositaire. Je crois qu'il en a distribué de même dans tous les quartiers de Paris où il possède des amis qui lui inspirent quelque confiance.

Et voyez la vanité de nos soucis. C'est l'homme que je connaisse qui a le plus maigri depuis le commencement du siége.

LETTRE XXXII

Mardi, 15 novembre, 59e jour du siége.

C'est encore de la garde nationale que je veux vous parler aujourd'hui. A tout seigneur tout honneur. La garde nationale est la puissance du moment, il est juste qu'on s'occupe d'elle.

Voici le décret qui a paru il y a huit jours :

« Le gouvernement de la défense nationale,

« Pour satisfaire, par des dispositions nouvelles, aux nécessités des opérations militaires et répondre aux vœux unanimement exprimés par la garde nationale,

« DÉCRÈTE :

« Art. 1er. — Chaque bataillon de la garde nationale sera composé, suivant son effectif, de huit à dix compagnies.

« Art. 2. — Les quatre premières compagnies, dites *compagnies de guerre*, auront chacune un effectif de 100 hommes, cadre compris, dans les bataillons dont l'effectif est de 1,200 hommes et au-dessous, et de 125 hommes, cadre compris, dans les bataillons ayant plus de 1,200 hommes.

« Ces compagnies seront fournies par les hommes valides des catégories ci-dessous, en suivant l'ordre des catégories et en ne prenant dans l'une d'elles que lorsque la catégorie précédente aura été épuisée :

« 1° Volontaires de tout âge ;

« 2° Célibataires ou veufs sans enfants de 20 à 35 ans ;

« 3° Célibataires ou veufs sans enfants de 35 à 45 ans ;

« 4° Hommes mariés ou pères de famille de 20 à 35 ans ;

« 5° Hommes mariés ou pères de famille de 35 à 45 ans.

« Art 3. — Les autres compagnies destinées au service de la défense, ayant autant que possible un effectif uniforme, comprendront le reste du bataillon. Elles constitueront le dépôt et fourniront les hommes nécessaires pour combler les vides faits dans les compagnies de guerre. »

Devant cet appel à un rôle plus actif, le zèle de la garde nationale, il faut le dire, se refroidit un peu. Les hommes mariés surtout se montrèrent récalcitrants. Dans quelques anciens bataillons, le mécontentement alla presque jusqu'à l'insubordination. Ces bataillons, en effet, composés des gardes nationaux faisant le service avant le 4 septembre, avaient généralement fermé leurs rangs à l'époque de l'incorporation universelle ; ils avaient voulu rester entre eux, en famille. Aussi leur effectif était-il moindre que l'effectif des bataillons nouveaux : ils ne comptaient guère que douze cents hommes, tandis que les autres en comptaient deux mille, et les gens établis y figuraient en plus grand nombre que les jeunes gens. Ils furent passablement déconcertés dans leur calcul lorsque parut le décret du 9 novembre, car tandis que, dans les nouveaux bataillons, les trois premières catégories suffisaient sans peine à fournir le contingent des compagnies de guerre, dans les bataillons anciens ces trois premières catégories étaient épuisées avant qu'on eût atteint le chiffre fixé, et il fallait recourir à la quatrième catégorie, celle des hommes mariés de vingt-cinq à trente-cinq ans. Grand émoi de ceux-ci, protestations sur toute la ligne. Oubliant l'ardeur avec laquelle ils s'étaient préparés à la lutte contre l'étranger, ne tenant plus compte de l'habileté et de l'expérience qu'ils avaient acquises par trois mois d'exercices journaliers dans les manœuvres militaires et dont ils étaient si fiers la veille encore, ils voulaient qu'on épuisât, avant d'en arriver à eux, tout le célibat parisien, incorporé ou non incorporé dans la garde nationale.

Leurs démonstrations furent inutiles. L'état-major ne voulut point recommencer une organisation laborieuse ni entreprendre l'éducation de nouveaux conscrits. Il maintint son décret.

Les hommes mariés ne se tinrent pas pour battus. Ils lancèrent les tambours à la recherche de tous les célibataires de leur arrondissement, non incorporés dans la garde nationale. Ce fut une poursuite dans laquelle les tambours, excités par la prime que les intéressés leur promettaient, déployèrent une activité fébrile. Bien fin qui sut se dérober à leurs investigations.

L'enrôlement dans les compagnies de marche ne

suscita donc pas du tout un enthousiasme comparable à celui qu'avait offert, au mois de septembre, l'enrôlement dans la garde nationale. On dit même que ce décret du 9 novembre activa le mouvement de régularisation déjà signalé parmi les unions illégitimes de la capitale. Ce n'étaient plus des mariages *à quinze sous*, c'étaient des mariages *sédentaires*.

Dans les quartiers populaires le décret du 9 novembre souleva une autre sorte de critiques. On y était toujours pour la levée en masse sans distinctions ni catégories. « Pourquoi les gens mariés ne marcheraient-ils pas comme les autres? » entendais-je dire par un garde national orateur dans une réunion publique de Montrouge. « Moi, je suis marié et père de famille, je me battrai d'autant mieux que j'ai mon foyer, ma femme et mes enfants à défendre. Si c'était une guerre d'invasion et de conquête, je comprendrais encore qu'on ne fît marcher que les célibataires. Mais puisqu'il s'agit de défendre son toît domestique, les plus intéressés doivent être en avant. Pourquoi confierai-je à ceux qui n'ont pas de famille le soin de protéger la mienne au péril de leur vie? Si vous faites des catégories, ceux qui sont appelés à l'exclusion des autres n'iront point de bon cœur et feront de mauvaises troupes. »

L'état-major de la garde nationale ne fit pas plus d'attention aux objections de ces derniers qu'aux récriminations des premiers. Et comme les gardes nationaux mariés des anciens bataillons continuaient leur nouvelle levée et envoyaient chercher leurs remplaçants par quatre hommes et un caporal, un avis de l'état-major les rappela à l'ordre :

« Il s'est produit dans les bataillons de guerre des irrégularités auxquelles il est de toute nécessité de mettre un terme. Quelques chefs de bataillon, de leur propre autorité, et depuis l'organisation première de leurs compagnies de guerre, se sont crus en droit d'en modifier la composition d'une façon qui ne peut être admise.

« Plusieurs de ces officiers ont cru pouvoir incorporer dans les compagnies de guerre des réfractaires qui n'avaient jamais figuré sur les contrôles, qui n'étaient par conséquent ni armés, ni habillés, et manquaient absolument d'instruction militaire. Outre l'affaiblissement qu'un pareil élément apporte dans la constitution des compagnies de guerre, son introduction est contraire au décret qui interdit toute augmentation d'effectif dans la garde nationale.

« D'autre part plusieurs chefs de bataillon autorisent de nombreuses mutations, soit de corps à corps, soit de compagnie à compagnie ; on doit être très-sobre de ces autorisations.

« Pour mettre un terme à tous les abus de cette nature, le commandant supérieur invite les chefs de bataillons à remettre immédiatement à l'état-major général l'état nominatif de leurs compagnies de guerre. »

On ne força point à s'enrôler ceux qui y mettaient trop de mauvaise volonté. On se contenta de ce que chaque bataillon voulut fournir. Les plaintes s'apaisèrent, et les compagnies de guerre se sont formées sans autres difficultés.

LETTRE XXXIII

Mercredi, 16 novembre, 60e jour du siége.

On prépare de prochains combats. Le général Trochu les a annoncés dans une proclamation. On est un peu plus riche en artillerie; les premiers canons fabriqués par l'industrie privée vont être livrés au gouvernement; cela permettra de prendre une offensive énergique. Nous avons intérêt à retenir autour de Paris les masses prussiennes qui pourraient accabler nos armées provinciales.

Une dépêche nous a appris hier que le général d'Aurelles de Paladines a battu les Prussiens et repris Orléans :

« *Aux habitants et aux défenseurs de Paris.*

« Mes chers concitoyens,

« C'est avec une joie indicible que je porte à votre connaissance la bonne nouvelle que vous allez lire. Grâce à la valeur de nos soldats, la fortune nous revient; votre courage la fixera; bientôt nous allons donner la main à nos frères des départements et avec eux délivrer le sol de la patrie.

« Vive la République! Vive la France!

« *Le ministre de l'intérieur par intérim,*

« Jules Favre. »

« GAMBETTA A TROCHU.

« L'armée de la Loire, sous les ordres du général d'Aurelles de Paladines, s'est emparé hier d'Orléans, après une lutte de deux jours. Nos pertes, tant en tués qu'en blessés, n'atteignent pas 2,000 hommes; celles de l'ennemi sont plus considérables. Nous avons fait plus d'un millier de prisonniers, et le nombre augmente par la poursuite.

« Nous nous sommes emparés de deux canons modèle prussien, de plus de vingt caissons de munitions et attelés, et d'une grande quantité de fourgons et voitures d'approvisionnement. La principale action s'est concentrée autour de Coulmiers, dans la journée du 9. L'élan des troupes a été remarquable, malgré le mauvais temps.

« Tours, le 11 novembre 1870.

« Pour copie conforme :
« *Le ministre de l'intérieur par intérim*,
« Jules Favre. »

Ce succès a jeté dans Paris une grande confiance. Qui sait, se demande-t-on, si le gouvernement tant accusé n'a pas eu raison de ne tenir aucun compte des criailleries impatientes, d'organiser silencieusement son armée et ses moyens d'action, tandis que de son côté la province agissait de même. Voici que la province a maintenant des armées capables de tenir la campagne et de lutter avec avantage contre l'ennemi. Nous allons joindre nos efforts aux efforts de ces armées, et n'eût-il pas été fâcheux et imprudent d'agir plus tôt? Nous avons eu tort sans doute d'accuser les temporisations du général Trochu, et nous aurions dû nous souvenir du vieux Fabius de l'histoire romaine, *qui cunctando restituit rem*.

Telles sont les réflexions auxquelles on se livre avec une bonne humeur qui nous avait, dans ces derniers temps, abandonnés.

LETTRE XXXIV

Mardi, 22 novembre, 66e jour du siége.

Le temps est devenu très-mauvais ; les soirées sont très-sombres ; il n'y a plus de gaz pour les boutiques à partir de sept heures et demie, de sorte que presque toutes sont fermées ; celles qui restent ouvertes, les cafés, les restaurants, sont éclairés par des lustres, par des lampes, par des bougies. Les rues sont noires et mornes. Un de ces jours passés, vers sept heures et demie ou huit heures, j'allai faire un tour de promenade au Palais-Royal : tous les magasins étaient clos. Quelques rares passants marchaient d'un pas rapide dans les galeries à peine éclairées. Ils traversaient le Palais-Royal et ne s'y promenaient point. Deux boutiques seulement brillaient de leur éclat habituel : l'une, sous le péristyle Montpensier, était la vitrine d'un marchand de décorations, croix, ordres militaires, chapeaux à plumes, épées dorées. Un groupe de badauds stationnait devant cette vitrine; ils échangeaient leurs connaissances et leurs appréciations à propos de ces ornements et de ces panaches. L'autre était la vitrine de Véfour, au bout de la galerie de Valois. Une magnifique oie grasse et quelques comestibles de prix s'y étalaient. Autre groupe de badauds plus animé; des déclamateurs prétendent que cet étalage insulte à la détresse du peuple; aussi, je crois bien que le restaurateur n'a pas dû tarder beaucoup à faire mettre les volets. Ces deux boutiques, seules ouvertes dans le Palais-Royal, symbolisent tout Paris actuel.

Sous le vestibule en face du théâtre, et sous le vestibule qui conduit au passage des Pavillons, de jeunes chanteurs qui chantent ou plutôt qui hurlent des chansons patriotiques et guerrières, sont entourés d'un auditoire assez nombreux.

Voilà tout. On songe, en parcourant ces galeries attristées, combien à cette époque de l'année elles sont d'ordinaire étincelantes et pleines de foule. Quand ces splendeurs évanouies seront-elles rendues au pauvre Paris? S'il en est ainsi du Palais-Royal, je laisse à penser ce qu'il en est des rues et places sans renom. Tout se ferme dès les premières heures de la soirée. On rentre et on se couche de bonne heure. On n'a peut-être jamais fait à Paris d'aussi copieuses nuits que depuis qu'on y est bloqué.

La variole sévit cruellement : 451 décès par semaine. On songe pour se consoler, triste consolation, n'est-ce pas? qu'elle n'épargne pas davantage l'ennemi campé autour de nous.

LETTRE XXXV

Samedi, 26 novembre, 70e jour du siége.

Ces lettres vous parviennent-elles? C'est là une incertitude qui me saisit chaque fois que je pose la plume sur le papier et qui, parfois, est bien près de la faire tomber de mes mains. Il y a tout lieu de croire, cependant, que quelques-unes vous arrivent, si d'autres s'égarent; et c'est ce qui me fait persévérer dans ce monologue par correspondance.

Les ballons *montés* ne cessent de partir à intervalles à peu près réguliers. La mission des aéronautes est périlleuse et nous devons leur savoir gré de leur dévouement. Nous avons appris qu'un de ces ballons a été aperçu au-dessus de l'Océan, voguant vers l'ouest, perdu, par conséquent, à moins d'un miracle. Peut-on songer sans frémir à la situation des malheureux qui voyaient s'étendre au-dessous d'eux les espaces liquides où ils allaient être infailliblement engloutis? Un autre a été poussé jusqu'à Copenhague et a fait deux cent soixante lieues avant de pouvoir toucher terre. D'autres sont tombés en Allemagne.

M. de Bismark menace de traiter comme espions les voyageurs en ballon qui sont pris par ses soldats, et de les faire passer devant un conseil de guerre au fond de quelque forteresse prussienne. Il écrivait le 19 de ce mois à l'ambassadeur des États-Unis :

« Je profite de l'occasion pour vous informer que plusieurs ballons expédiés dernièrement de Paris sont tombés entre nos mains, et que les personnes qui les montaient seront jugées selon les lois de la guerre.

« Je vous prie de vouloir bien porter ce fait à la connaissance du gouvernement français, en ajoutant que toutes les personnes qui prendront cette voie pour franchir nos lignes sans autorisation, ou pour entretenir des correspondances au préjudice de nos troupes, s'exposeront, si elles tombent en notre pouvoir, au même traitement, qui leur est tout aussi applicable qu'à ceux qui feraient des tentatives semblables par voie ordinaire. »

Que les Allemands tirent sur nos ballons qui passent au-dessus de leurs lignes, on le conçoit encore, mais qu'ils fusillent les aéronautes dont ils se saisissent, c'est ce qui est par trop révoltant. Le

Journal officiel dénonce avec raison cette froide barbarie au monde civilisé, et il cite un article d'un journal anglais qui montre l'opinion générale se prononçant contre des mesures aussi injustifiables.

« Sans doute, dit-il, l'assaillant a le droit de se défendre sur le territoire qu'il envahit. Il peut y réprimer toute attaque, même indirecte; il y protége par la force ses lignes d'investissement; mais il ne dépend pas de lui de convertir en crime et de soumettre à une justice militaire l'acte par lequel un fils écrit à son père et à sa mère pour calmer leur légitime inquiétude, ou le fait d'échapper au travers des airs aux dangers d'un siége prolongé. Faire de cet acte ou de ce fait le fondement d'une poursuite devant une cour martiale qui le punirait de mort, c'est un excès inouï qui nous fait reculer de plusieurs siècles.

« Ce qui ne l'est pas moins, c'est la précaution prise de soustraire ces prétendus criminels à la seule juridiction qui serait compétente pour les juger, celle du lieu où leur crime aurait été commis. L'autorité militaire prussienne n'avait que l'embarras du choix parmi les nombreux conseils de guerre dont elle dispose à Versailles. Là seulement les accusés pourraient faire entendre des témoins et se défendre. Il est certain aussi que là, malgré la puissance absolue dont ils disposent, les généraux prussiens n'auraient jamais osé les faire juger. Ils ont mieux aimé les conduire dans leurs forteresses, espérant jeter la terreur dans les âmes et décourager la résistance.

« Nous ne voulons pas croire qu'ils aient l'intention d'aller au delà. Sans doute, la guerre a des nécessités cruelles. Nous le reconnaissons avec tristesse ; et ce n'est pas au moment où notre patrie les subit que nous aurons la faiblesse de nous en plaindre en face de l'ennemi qui les lui impose. Mais les rigueurs inutiles sont depuis longtemps proscrites au nom de l'humanité; elles substituent la vengeance à la lutte, et si elles se dissimulent sous une forme judiciaire quelconque, elles ajoutent l'ironie de l'insulte légale à l'abus de la force. Nous pensons, en rappelant ces vérités, avoir pour nous le sentiment de l'Europe entière, et c'est sous la protection de son esprit de justice que nous plaçons nos compatriotes captifs.

« Nous pouvons, d'ailleurs, sur ce sujet, invoquer l'opinion du *Standard*, du 10 novembre, dans lequel on lit :

« On se demande, non sans étonnement, comment
« le roi Guillaume peut songer à étendre les lois de la
« guerre jusqu'à considérer quiconque passe *au-dessus*
« des lignes prussiennes, à quelque hauteur que ce
« soit, comme ayant passé *au travers*. En tout cas,
« nous comptons que si, comme on le dit, un sujet
« anglais est mêlé dans cette affaire, les Allemands se
« souviendront qu'ils ne doivent lui infliger un châti-

« ment qu'après avoir prouvé sa culpabilité d'une ma-
« nière claire et décisive. L'Angleterre ne souffrira
« pas, — à supposer que son gouvernement soit dis-
« posé à le supporter, — que le sang anglais soit ré-
« pandu, ou qu'un sujet anglais soit emprisonné sur
« un aussi frivole et douteux prétexte que l'emploi
« de l'aérostation pour communiquer avec une ville
« assiégée.

« Le cas est peut-être nouveau; mais il n'est pas
« difficile d'apercevoir par quelle analogie on doit le
« juger. Un Français, arrêté dans les lignes ennemies
« et non revêtu d'un uniforme, peut être frappé
« comme espion.

« Mais certainement cette règle ne s'applique pas
« à un voyageur en ballon qui n'est point venu vo-
« lontairement dans les lignes de l'ennemi. Il ne sau-
« rait être traité en criminel par les lois de la guerre
« parce qu'il a dépassé ces lignes. En effet, une ville
« assiégée est exactement dans la situation d'un port
« bloqué. Or l'équipage et les officiers d'un navire
« qui briserait un blocus ne sont soumis à aucune
« pénalité. S'ils sont neutres, ils peuvent s'en aller
« librement; s'ils sont ennemis, ils deviennent pri-
« sonniers de guerre.

« La même règle est manifestement applicable aux
« navigateurs aériens. Ils peuvent sans doute, par
« leur conduite personnelle, se rendre passibles de la

« loi martiale, mais, en tant que voyageurs en ballon, « ils sont exactement dans la position des briseurs « de blocus. Cela est si clair que, jusqu'à ce qu'on « nous affirme le contraire, nous refuserons d'attri- « buer aux Prussiens l'intention de traiter en crimi- « nels des Français qui auraient fait à travers les airs « ce que, très-notoirement, ils ont le droit de faire à « travers les eaux. »

Quoi qu'il en soit, nos braves marins ne se laisse- ront pas intimider par ces menaces et continueront à vous porter nos impressions et nos souvenirs.

LETTRE XXXVI

Dimanche, 4 décembre, 78e jour du siége.

La semaine qui vient de s'écouler a été aussi bruyante que les précédentes semaines avaient été silencieuses.

Le mardi, 29 novembre, nous lûmes sur les murs trois proclamations, l'une du Gouvernement de la défense nationale, l'autre du général Trochu, la troi- sième du général Ducrot.

Voici cette dernière :

« Soldats de la 2e armée de Paris,

« Le moment est venu de rompre le cercle de fer qui nous enserre depuis trop longtemps et menace de nous étouffer dans une lente et douloureuse agonie! A vous est dévolu l'honneur de tenter cette grande entreprise : vous vous en montrerez dignes, j'en ai la certitude.

« Sans doute, nos débuts seront difficiles; nous aurons à surmonter de sérieux obstacles; il faut les envisager avec calme et résolution, sans exagération comme sans faiblesse.

« La vérité la voici : dès nos premiers pas, touchant nos avant-postes, nous trouverons d'implacables ennemis, rendus audacieux et confiants par de trop nombreux succès. Il y aura donc là à faire un vigoureux effort, mais il n'est pas au-dessus de vos forces : pour préparer votre action, la prévoyance de celui qui nous commande en chef a accumulé plus de quatre cents bouches à feu, dont deux tiers au moins du plus gros calibre; aucun obstacle matériel ne saurait y résister, et, pour vous élancer dans cette trouée, vous serez plus de cent cinquante mille, tous bien armés, bien équipés, abondamment pourvus de munitions, et, j'en ai l'espoir, tous animés d'une ardeur irrésistible.

« Vainqueurs dans cette première période de la lutte, votre succès est assuré, car l'ennemi a envoyé sur les bords de la Loire ses plus nombreux et ses meilleurs soldats ; les efforts héroïques et heureux de nos frères les y retiennent.

« Courage donc et confiance ! Songez que, dans cette lutte suprême, nous combattrons pour notre honneur, pour notre liberté, pour le salut de notre chère et malheureuse patrie, et, si ce mobile n'est pas suffisant pour enflammer vos cœurs, pensez à vos champs dévastés, à vos familles ruinées, à vos sœurs, à vos femmes, à vos mères désolées !

« Puisse cette pensée vous faire partager la soif de vengeance, la sourde rage qui m'animent et vous inspirer le mépris du danger !

« Pour moi, j'y suis bien résolu, j'en fais le serment devant vous, devant la nation tout entière : je ne rentrerai dans Paris que mort ou victorieux ; vous pourrez me voir tomber, mais vous ne me verrez pas reculer. Alors, ne vous arrêtez pas, mais vengez-moi.

« En avant donc ! en avant, et que Dieu nous protége !

« Paris, le 28 novembre 1870.

« *Le général en chef de la 2e armée de Paris,*

« A. Ducrot. »

Cette proclamation produisit une sensation profonde. Les portes de la ville étaient fermées. Nous restâmes dans l'attente de ce qui se passait au dehors, prêtant l'oreille à la voix du canon.

Pendant la nuit du mardi au mercredi, cette voix retentissante ne cessa de se faire entendre. Il en fut de même pendant toute la journée du mercredi. Le jeudi, interruption, silence : sans doute on enterrait les morts. Dans la nuit du jeudi au vendredi, le canon s'est de nouveau fait entendre avec violence; il s'est mis à tonner furieusement vers trois ou quatre heures du matin, mais plus loin du côté de l'est; il ne s'est tu que vers trois ou quatre heures de l'après-midi.

Hier samedi, on n'a rien entendu, non plus que ce matin. Pendant que l'écho des combats qui se livraient au dehors des murs nous arrivait dans nos rues et dans nos demeures, on avait la poitrine serrée. La canonnade qu'on entendait n'était plus, en effet, la canonnade en quelque sorte flegmatique à laquelle le tir des forts nous a accoutumés et qui n'interrompt qu'à peine notre sommeil; c'était la canonnade fiévreuse, précipitée des batailles acharnées et meurtrières.

Les physionomies des passants sont contractées par l'émotion, par la perplexité et par la douleur. Si l'on va vers les points extrêmes de la ville, dans la direction où se livre la lutte, on assiste à un poignant spectacle. Il y a foule sur ces points jusqu'à la limite où la circulation est interdite et interceptée par la garde nationale. Les curieux sont rangés sur plusieurs files le long des trottoirs, pour voir passer les blessés ou les prisonniers. Quand des blessés sont apportés, les hommes se découvrent, les femmes pleurent. Pour bien juger la guerre, il faut la voir ainsi à ses portes.

Mercredi, j'allai au cimetière du Père-La-Chaise, qui est le point de Paris le plus rapproché de l'action. On voyait de là, en effet, la bataille se dessiner dans quelques-uns de ses traits principaux. On distinguait les feux des forts, et, tout au fond de l'horizon, ceux des batteries prussiennes qui leur répondaient. On percevait le bruit strident des mitrailleuses et le roulement de la fusillade.

La foule qui couvre les hauteurs est grave, émue, silencieuse. Le lieu où l'on se trouve contribue peut-être à lui donner ce caractère. On est au milieu des tombeaux ; la mort est présente de toutes parts : ici, paisible et dans un immuable repos, là bas terrible et bruyante. Combien de ceux que l'on voit se mouvoir au loin dans la fumée ne reviendront pas et demain seront sous terre, comme tous ces trépassés qui gisent autour de nous !

En descendant vers la barrière du Trône, je vois défiler un convoi de prisonniers. Ce sont tous des hommes jeunes, bien vêtus et ne paraissant pas trop fatigués. Ils considèrent avec étonnement la foule immense qui se rue pour les voir. Sur le passage de l'un d'eux, imberbe, à la figure douce et intelligente, un de mes voisins a le tort de proférer une injure et de s'écrier : « Sale Prussien ! » Le prisonnier se retourne fièrement et répond : « Saxon ! »

Les gardes nationaux qu'on interroge disent que « tout va bien là-bas. » On soupçonne qu'ils n'en savent guère plus que nous, mais on se réjouit tout de même des bonnes nouvelles qu'ils nous donnent.

En passant la Seine, au pont d'Austerlitz, je vois arriver des bateaux-mouches ayant à la proue le drapeau de Genève. Ils sont chargés de blessés. Ces bateaux abordent à la station qui est vis-à-vis du jardin des Plantes. De nombreux infirmiers vont chercher les blessés et les transportent sur la berge où des voitures les attendent. Le soir est venu, la lumière rougeâtre des torches éclaire cette scène émouvante. Beaucoup de blessés peuvent marcher et se contentent d'être soutenus. Ils ne sont point abattus ; ils ne font entendre aucune plainte. Ils se traînent courageusement jusqu'aux ambulances de la gare d'Orléans et de la Salpêtrière. Tous les citoyens qui surviennent prêtent leur concours à cette opération, qui se prolonge jusqu'à dix et onze heures du soir. Les soldats que l'on accompagne racontent volontiers, avec simplicité et sans emphase, les circonstances dans lesquelles ils ont été blessés, mais ils ne peuvent donner une idée de l'ensemble ni des résultats de l'action. On comprend seulement qu'elle a été très-vive et très-considérable, et qu'elle fera honneur à nos armes.

La lutte, pendant la journée du 2 décembre, a pris des proportions plus grandioses encore. Les Allemands ont voulu reprendre Brie, Champigny, et nous rejeter derrière la Marne. Les forces qu'ils avaient rassemblées depuis deux jours se sont élancées sur les positions de l'armée du général Ducrot. Nos forts et nos batteries les foudroyèrent et leur firent subir des pertes énormes. L'ennemi fut forcé de se retirer. A la fin de la journée, nous restions maîtres du terrain, le drapeau tricolore flottait encore sur les hauteurs de Champigny.

Dans la journée de samedi, l'armée du général Ducrot repassa la Marne sans être inquiétée; elle a bivaqué cette nuit dans le bois de Vincennes.

« L'armée, réunie en ce moment à l'abri de toute atteinte, dit le rapport militaire, puise de nouvelles forces dans un court repos, qu'elle était en droit d'attendre de ses chefs après de si rudes combats. Il y a des cadres à remplacer, et c'est avec la plus grande activité que l'on procède au remaniement de certaines parties de son organisation. »

Le général Ducrot adresse à ses soldats une nouvelle proclamation.

« Vincennes, le 4 décembre 1870.

« SOLDATS!

« Après deux journées de glorieux combats, je vous ai fait repasser la Marne, parce que j'étais convaincu que de nouveaux efforts, dans une direction où l'ennemi avait eu le temps de concentrer toutes ses forces et de préparer tous ses moyens d'action, seraient stériles.

« En nous obstinant dans cette voie, je sacrifiais inutilement des milliers de braves, et, loin de servir l'œuvre de la délivrance, je la compromettais sérieusement et je pouvais même vous conduire à un désastre irréparable.

« Mais vous l'avez compris, la lutte n'est suspendue que pour un instant; nous allons la reprendre avec résolution : soyez donc prêts, complétez en toute hâte vos munitions, vos vivres, et surtout élevez vos cœurs à la hauteur des sacrifices qu'exige la sainte cause pour laquelle nous ne devons pas hésiter à donner notre vie.

« *Le général en chef de la 2e armée,*

« DUCROT. »

C'est donc à recommencer. Combien de batailles comme celles-là faudra-t-il livrer encore avant que le sort de Paris soit changé ?

LETTRE XXXVII

Mercredi, 7 décembre, 81e jour du siége.

Les renseignements sur les journées du 30 novembre et du 2 décembre commencent à nous arriver. Ces deux journées ont été de vraies batailles, où l'armée française s'est montrée digne de ses anciennes gloires. La prise du village de Champigny, du bois du Plant et du plateau de Villiers, l'attaque de Mesly et de Montmesly sont de brillants faits d'armes. Mais que de tués et de blessés ! Je citerai le général Renault, le général Ladreit de La Charrière, le colonel de frégate Desprez, le colonel Prévault, le commandant Franchetti, le capitaine de Neverlée, le colonel de Grancey, le colonel de La Monneraye. Ce ne sont là que les principaux noms qui figurent sur la liste des victimes de ces sanglantes journées. Nous voyons dans la relation écrite par un engagé volontaire aux zouaves, que les deux premiers bataillons de son régiment, à la prise du plateau de Villiers, ont perdu près de sept cents hommes, et que, sur quarante-quatre officiers, il en reste à peine sept ou huit sans blessures.

Le rapport officiel accuse six mille hommes tués ou blessés.

Malgré tout ce qu'il y a de tristesse dans ces chiffres trop éloquents, la bonne humeur française ne perd pas encore tous ses droits. Je vous transmets une anecdote qui a couru les journaux dans ces derniers jours.

A l'affaire de Champigny, un de nos marins ayant fait prisonnier un jeune sous-officier prussien, le conduisait au dépôt le plus voisin. Chemin faisant, le jeune Allemand, qui parlait parfaitement le français, demanda d'un air goguenard à notre loup de mer ce qu'il pensait de voir les Prussiens si près de Paris.

— Je pense, répliqua-t-il sur le même ton, que vous faites bien des cérémonies pour y entrer, et que nos pères en ont fait beaucoup moins pour entrer à Berlin.

— Et comment vivez-vous dans votre capitale? continua l'autre en cachant son dépit.

— Mais très-bien ! dit le matelot.

— Vous avez donc encore des bœufs?

— Oh ! il y a longtemps qu'ils sont mangés!

— Des moutons, alors?

— Mangés aussi!

— Alors, vous vous rejetez sur vos chevaux?

— Ils sont tous dévorés!

— Eh bien, que mangez-vous donc?

— Ce que nous mangeons? répondit le marin de sa voix la plus grave, nous mangeons nos prisonniers!

Et le jeune Prussien de devenir blême et de ne plus hasarder la moindre question jusqu'à son arrivée au dépôt.

LETTRE XXXVII

Dimanche, 11 décembre, 85e jour du siége.

On n'a point continué la lutte, et les mauvaises nouvelles recommencent à pleuvoir sur nous.

Le 6 décembre, l'affiche suivante a été affichée sur les murs de Paris :

« Le Gouvernement de la défense nationale porte à la connaissance de la population les faits suivants :

« Hier soir, le Gouverneur a reçu une lettre dont voici le texte :

« Versailles, le 5 décembre 1870.

« Il pourrait être utile d'informer Votre Excellence « que l'armée de la Loire a été défaite près d'Orléans, « et que cette ville est réoccupée par les troupes alle- « mandes.

« Si toutefois Votre Excellence juge à propos de s'en « convaincre par un de ses officiers, je ne manquerai « pas de le munir d'un sauf-conduit pour aller et ve- « nir.

« Agréez, mon général, l'expression de la haute « considération avec laquelle j'ai l'honneur d'être vo- « tre très humble et très-obéissant serviteur,

« *Le chef d'état-major*,

« Comte DE MOLTKE. »

« L Gouverneur a répondu :

« Paris, ce 6 décembre 1870.

« Votre Excellence a pensé qu'il pourrait être utile « de m'informer que l'armée de la Loire a été défaite « près d'Orléans et que cette ville est réoccupée par « les troupes allemandes.

« J'ai l'honneur de vous accuser réception de cette

« communication, que je ne crois pas devoir faire vé-
« rifier par les moyens que Votre Excellence m'in-
« dique.

« Agréez, mon général, l'expression de la haute
« considération avec laquelle j'ai l'honneur d'être vo-
« tre très-humble et très-obéissant serviteur,

« *Le Gouverneur de Paris*,
« Général TROCHU. »

« Cette nouvelle qui nous vient par l'ennemi, en la supposant exacte, ne nous ôte pas le droit de compter sur le grand mouvement de la France accourant à notre secours. Elle ne change rien ni à nos résolutions ni à nos devoirs.

« Un seul mot les résume : Combattre ! Vive la France ! Vive la République !

« *Les membres du Gouvernement*, etc. »

Deux jours après, deux autres dépêches nous arrivent. Nous les lisons dans le *Journal officiel*, qui les fait précéder des explications suivantes :

« Le 12 novembre dernier, le ballon *Daguerre*, parti de Paris, tombait à Ferrières, au pouvoir des Prussiens. Le ballon contenait un certain nombre de pigeons, dont la plupart sont restés aux mains des Prussiens.

« Le 9 décembre, à cinq heures du soir, un de ces

pigeons rentrait au colombier auquel il appartenait. Il était porteur d'une dépêche datée de Rouen, 7 décembre, qui sera reproduite plus bas. (N° 1.)

« Le même jour, 9 décembre, à sept heures et demie du soir, un second pigeon rentrait au même colombier, porteur d'une dépêche datée de Tours, 8 décembre, reproduite plus bas. (N° 2.)

« Aucun doute n'existe sur l'identité des pigeons recueillis avec deux des pigeons pris à Ferrières par les Prussiens. Les agents de l'administration l'attestent avec toute certitude.

« Les deux dépêches étaient attachées de la même manière, suivant un mode différent de celui qu'emploient les agents français.

« Elles trahissent d'ailleurs leur origine germanique autant par le style que par la forme de l'écriture.

« L'origine prussienne des deux dépêches est donc incontestable.

« Le Gouvernement, résolûment décidé à communiquer à la population toutes les nouvelles qui l'intéressent, ne croit devoir accompagner d'aucun commentaire la reproduction des dépêches prussiennes, dont voici le texte :

N° 1

« Rouen, 7 décembre.

« GOUVERNEUR DE PARIS.

« Rouen occupé par les Prussiens qui marchent sur
« Cherbourg.
« Populations rurale les acclame délibérez Orléans
« repris par ces diables Bourges et Tours menacés
« Armée de la Loire complétement défaite Résistance
« n'offre plus aucune chance de salut.

« A. Lavertujon. »

N° 2

Tours, 8 décembre.

« REDACTEUR FIGARO. PARIS.

« Quels désastres Orléans repris Prussiens deux
« lieues de Tours et Bourges Gambetta parti Bordeaux
« Rouen s'est donné Cherbourg menacé Armée Loire
« n'est plus Fuyards, pillards Popul. rurale partie
« connivence Prussiens Tout le monde en a assez
« Champs dévastés. Brigandage florissant manque de
« chevaux, de bétail. Partout la faim le deuil. Nulle

« espérance Faites bien que les Parisiens sachent que « Paris n'est pas la France. Peuple veut dire son « mot.

Signature illisible ressemblant à celle-ci :

« Comte de Pujol *ou* de Pujet. »

Ces dernières dépêches sont, en effet, l'œuvre bien évidente des Prussiens. Lors même que l'on n'eût pas reconnu les pigeons partis avec le ballon *le Daguerre*, les formes tudesques du langage trahissent assez les auteurs. Bien mieux, M. Lavertujon, qui est censé avoir envoyé une de ces dépêches de Rouen, n'a pas quitté Paris, où il remplit les fonctions de secrétaire du Gouvernement. Ces manœuvres ont détruit dans l'esprit de la population tout l'effet des mauvaises nouvelles qu'elles nous faisaient parvenir. On les met en doute, et l'on fait remarquer que les Prussiens doivent être bien inquiets du résultat définitif de leur campagne pour recourir à de tels expédients. Cependant ces désastreuses nouvelles se confirment peu à peu.

LETTRE XXXIX

Lundi, 12 décembre, 86e jour du siége.

De jour en jour la disette se fait sentir davantage. Les objets de consommation disparaissent l'un après l'autre. Les boucheries municipales distribuent presque exclusivement du bœuf et du mouton salés. Ces viandes ne valent rien; elles ont sans doute été mal préparées; elles sentent mauvais quand on les dessale. En fait de viande fraîche, il n'y a plus que du cheval. Les pauvres bêtes s'en vont par troupeaux à l'abattoir, efflanquées, les yeux mornes, épuisées par le jeûne. Quelques chevaux de maître, rigoureusement réquisitionnés, subissent le même sort. Un de nos amis a été obligé de livrer le sien auquel il tenait beaucoup. Le domestique dut le conduire aux abattoirs de la Villette. Le pauvre animal, qu'on avait tenu quelque temps renfermé, dans l'espoir de le soustraire à sa triste destinée, content de respirer le grand air, dansait joyeusement en faisant cette dernière promenade; le domestique qui le menait par la bride ne pouvait retenir ses larmes.

Le général Clément Thomas vient de publier l'ordre suivant :

« Dans un intérêt qui peut paraître patriotique, des compagnies de guerre de la garde nationale ont imaginé de faire des promenades avec musique durant lesquelles des quêtes sont effectuées. Ces manifestations, incompatibles avec la discipline et la dignité de la garde nationale, ont donné lieu à des désordres et à des réclamations.

« Le commandant supérieur les interdit absolument. »

Interdire à la garde nationale les promenades avec musique! ce général Clément Thomas vise décidément à l'impopularité.

LETTRE XL

Mercredi, 14 décembre, 88e jour du siége.

Les premières inquiétudes pour le pain se sont manifestées ces jours-ci. Le Gouvernement les a calmées par l'affiche suivante :

« Hier, des bruits inquiétants répandus dans la population ont fait affluer les consommateurs dans certaines boulangeries.

« On craignait le rationnement du pain.

« Cette crainte est absolument dénuée de fondement.

« La consommation du pain ne sera pas rationnée.

« Le Gouvernement a le devoir de veiller à la subsistance de la population : c'est un devoir qu'il remplit avec la plus grande vigilance. Nous sommes encore fort éloignés du terme où les approvisionnements deviendraient insuffisants.

« La plupart des siéges ont été troublés par des paniques. La population de Paris est trop intelligente pour que ce fléau ne nous soit pas épargné.

« Paris, le 12 décembre 1870.

« *Les membres du Gouvernement.* »

La difficulté principale vient de la mouture, à ce qu'il paraît. Les meules fonctionnant dans Paris ne peuvent moudre que la moitié de la farine nécessaire à la consommation journalière. Il faut, avant que la provision de farine soit épuisée, qu'on trouve moyen de doubler le nombre des meules. Le pain est un peu plus bis, depuis quelque temps. On nous fait savoir que désormais nous n'en aurons plus d'autre :

« Le plus grand intérêt de la défense étant de prolonger autant que possible la résistance de Paris, le gouvernement, sûr de répondre en cela à la volonté de tous les citoyens, a résolu qu'aussitôt après le délai nécessaire pour écouler les quantités existantes, il ne serait plus vendu ni distribué dans la ville que du pain bis. Ce pain est nourrissant, agréable au goût et sans aucun inconvénient pour la santé. Nos paysans n'en mangent pas d'autre, même dans les départements les plus favorisés. Il va sans dire que le pain sera de qualité uniforme pour tous les con ommateurs, et qu'aucune exception ne sera tolérée.

« La viande ne nous manque pas. Il en sera distribué tous les jours dans les boucheries municipales, sans réduction d'aucune sorte sur les quantités actuellement distribuées. On a eu d'abord quelque difficulté pour organiser le service ; maintenant tout est en ordre. Le pain et la viande, c'est-à-dire la double base de l'alimentation, sont assurés. La situation est donc satisfaisante. On peut dire qu'elle est inespérée, après trois mois de siége.

« Ces résultats sont dus en majeure partie à la sagesse et au patriotisme de la population, aussi résignée devant les privations qu'elle est héroïque devant le péril. Nous avons tous juré que rien ne nous coûterait pour sauver notre pays, et nous y parviendrons à force de calme, de vigilance et de courage.

« *Les membres du Gouvernement.* »

Le pain bis ne nous épouvante pas : le gouvernement nous semble, en cette occasion, prodiguer un peu les paroles rassurantes.

LETTRE XLI

Vendredi, 16 décembre, 90e jour du siége.

L'imagination ardente des Parisiens assiégés travaille à découvrir des moyens extraordinaires d'anéantir l'ennemi. Ce ne sont pas seulement les plans d'une stratégie foudroyante qui germent dans leurs cerveaux ; c'est à la science qu'ils font appel : ils invoquent la physique, la chimie, l'électricité, pour qu'elles leur donnent des poisons inconnus à l'Italie des Borgia, des fusées qui détruisent des milliers de Prussiens à la minute, des engins de toute sorte capables de nous délivrer comme par enchantement. La science remplace de nos jours l'antique magie. On lui demande la victoire, comme nos aïeux demandaient aux puissances surnaturelles l'accomplissement des rêves qu'ils ne pouvaient réaliser par leur génie ou par leur courage. L'inépuisable fonds de crédulité et de superstition qu'il y a dans le cœur de l'homme a moins changé qu'on ne pense.

Toutefois, comme au milieu de beaucoup de chimères il peut se rencontrer quelque découverte ingénieuse, le gouvernement a nommé une commission de savants pour examiner toutes les inventions. La quantité de projets excentriques qui affluent au secrétariat de cette commission est inimaginable.

Un monsieur se présente un jour aux bureaux du ministère de l'instruction publique où est ce secrétariat. « Je suis le commandant du 32e bataillon, dit-il ; je vous apporte une arme formidable, légère et peu coûteuse à fabriquer. » Il tirait de sa poche un tube creux qu'il mettait sous les yeux des secrétaires : « Ce canon, continua-t-il, a tiré trente coups sur les glorieuses barricades de Juin. C'est un canon *en papier* que je soumets à l'examen de la commission. »

L'indignation du commandant du 32e contre les routiniers et contre les traîtres de la commission, lorsque celle-ci eut refusé d'émettre un avis favorable aux canons en papier, n'eut pas de bornes.

Un autre entre un jour dans les mêmes bureaux, il tire de sa poche une feuille de papier, l'étale sur le parquet, prend dans une petite boîte une pincée de poudre, la laisse tomber sur le papier. Une détonation a lieu ; le papier prend flamme et s'envole au plafond. Les employés, qui le regardaient faire avec étonnement, se récrient. « Messieurs, dit l'inventeur, si je vous avais demandé la permission de procéder à cette expérience, vous me l'auriez refusée ; c'est pourquoi j'ai voulu vous donner d'abord, sans vous en prévenir, la preuve de l'efficacité de ma poudre. Vous voyez quelle est sa puissance. Vous voudrez bien en rendre témoignage à la commission. »

Les nombreuses compositions incendiaires qu'on apporte ainsi ont toutes des bases connues et n'ont nullement le caractère de découvertes.

Un docteur médecin de la Faculté de Paris fait une proposition plus originale : il propose de jeter, au moyen de catapultes, dans les positions occupées par les Prussiens, les cadavres des individus morts de la variole, afin d'y propager cette maladie.

Mais l'idée qui tourmente le plus d'esprits est évidemment celle de s'élever en ballon au-dessus de Versailles et de laisser tomber du haut des nuages sur les lieux habités par le roi Guillaume et par son ministre, M. de Bismark, des bombes, des obus, des boîtes à mitraille. C'est d'autant plus séduisant à première vue, qu'il semble que l'exécution de ces projets ne soit pas très-périlleuse. Leurs auteurs ne se rendent compte ni de la difficulté, ni du danger : la difficulté est de passer tout justement au-dessus du quartier général ; le danger inévitable, c'est que le ballon, délesté subitement d'un poids très-lourd, n'aille éclater à quelques mille mètres au-dessus du point d'où le projectile aurait été précipité. S'ils pouvaient échapper à ce double inconvénient, nos artilleurs aériens feraient sans doute des merveilles.

En somme, de cette grande dépense d'imagination que l'on fait à Paris, il ne résulte rien de praticable ou du moins d'immédiatement praticable. Le gouvernement a voté une quarantaine de mille francs pour faire exécuter à l'usine Cail un ballon prétendu dirigeable, de l'invention de M. Dupuy de Lôme, membre de l'Institut. L'opinion à peu près générale est que, malgré la haute autorité de l'inventeur, le problème n'est pas résolu.

La science reste court, la science est à *quia*. Si on lui avait demandé avant la guerre tous les perfectionnements qu'elle pouvait apporter tant dans l'armement que dans la conduite des armées, elle eût préparé le triomphe en notre faveur comme elle l'a préparé en faveur de l'ennemi. Mais aujourd'hui elle ne saurait fournir à point nommé les miracles dont nous aurions besoin; la science ne vaudra jamais, sous ce rapport, la lampe d'Aladin à laquelle obéissait le peuple des Génies.

LETTRE XLII

Samedi, 17 décembre, 91e jour du siége.

Un des clichés dont on fait le plus d'usage depuis le commencement du siége est celui-ci : « Paris se régénère; nous nous régénérons; nous sommes régénérés. » Je ne dis pas le contraire; mais cette régénération n'est pas aussi visible qu'on le proclame. Je sais que les mœurs libres s'affichent moins; que les créatures effrontées qui pullulaient naguère dans les rues y deviennent plus rares et moins provoquantes. Il était temps que « ces instruments du règne de Bonaparte, comme dit le Bulletin de la municipalité du

VIe arrondissement, fussent remisés dans l'ombre et le silence. » On prétend, il est vrai, qu'on les retrouve avec toute leur impudence hors de l'enceinte, dans les villages occupés par certains bataillons de la garde mobile ; mais je n'ai pas eu l'occasion de vérifier le fait par moi-même. Paris, ville de plaisir, s'est voilée. Le contraire eût été trop choquant ; on ne peut vraiment lui en savoir beaucoup de gré.

Mais la probité publique s'est-elle relevée? Jamais il n'y a eu plus de gaspillage dans les administrations ; jamais le favoritisme n'y a régné plus ouvertement. Les abus n'ont fait que s'accroître. Tout le monde le reconnaît ; il n'y a pas deux opinions sur ce point parmi les hommes qui sont en position de voir ce qui se passe : l'intégrité administrative, exilée dans le ciel sous l'empire, ne s'est pas hâtée, à la chute des aigles, de redescendre parmi nous.

La moralité individuelle a-t-elle augmenté? Est-ce dans le commerce que ces conversions se sont produites? Non, certes ; jamais les marchands n'ont plus indignement surfait leurs marchandises, plus scandaleusement exploité la situation, plus *volé*, en un mot, le pauvre monde. Est-ce la classe populaire qui donne ce grand exemple? Elle perd l'habitude et le goût du travail. Partout où l'on aurait besoin d'ouvriers, on n'en peut avoir, même en faisant appel à leur patriotisme. Pour en réunir un certain nombre dans les ateliers où se fabriquent les chaussures de l'armée, il a fallu des invitations pressantes et réitérées, des proclamations solennelles du gouvernement :

« Le commandant supérieur de la garde nationale est informé que l'administration de la guerre éprouve de grandes difficultés pour fournir à nos troupes les chaussures qui leur sont nécessaires, et que ce fâcheux état de choses provient de l'absence des ateliers d'un grand nombre d'ouvriers employés à cette confection. Il rappelle à ceux que cela concerne que ce n'est pas exclusivement un fusil à la main qu'un bon citoyen peut, dans les circonstances où nous nous trouvons, servir utilement son pays, mais en contribuant, dans la mesure de ses facultés, à le pourvoir de toutes les ressources qui lui sont nécessaires.

« Le commandant supérieur rappelle, en outre, aux ouvriers de toutes les professions, que l'allocation de 1 fr. 50 par jour, accordée aux gardes nationaux qui la réclament, ne leur est délivrée que pour suppléer aux ressources qui leur manquent faute de travail, et qu'ils s'exposeraient à se faire retirer cette allocation si elle devait les amener à refuser un travail aussi urgent pour la défense nationale que profitable pour eux-mêmes.

« Ouvriers cordonniers ! nos braves camarades de l'armée et de la garde mobile sont exposés, par ces temps rigoureux, à piétiner dans la boue aux avant-postes et à marcher à l'ennemi sans chaussures. Il dépend de vous de remédier à cette situation. Aux ateliers donc ! et vous ferez acte de bons citoyens. Vos chefs de bataillon sont autorisés à vous exempter temporairement du service des remparts pour vous mettre à même d'accomplir ce que je réclame de vous.

« *Le commandant supérieur des gardes nationales*,

« CLÉMENT THOMAS.

« Paris, le 28 novembre 1870. »

Ce n'est que par l'appât de salaires très-élevés qu'on parvient à ramener quelques-uns de ces ouvriers, et encore a-t-on la plus grande peine à les retenir. En revanche, la consommation journalière de l'alcool est double ou triple de ce qu'elle est en temps ordinaire. Au 14 novembre, il s'était produit 700 cas d'aliénation mentale, dont 600 par suite d'alcoolisme.

Il n'y a donc pas lieu de pleurer d'attendrissement, comme le font certaines gens, sur Paris, sur ce grand Paris, converti, purifié, austère, spartiate. Paris se régénérera quand il aura moins de flatteurs, quand il aura moins de complaisance pour lui-même.

On se berce de vaines illusions quand on s'imagine que la rénovation d'un peuple s'accomplit si aisément. Il ne suffit pas pour cela de privations, de souffrances, de sacrifices mêmes. Il faut encore des doctrines religieuses et philosophiques qui les vivifient et les fécondent. Or les doctrines qui prévalent parmi nous sont les moins propres à nous rendre l'épreuve profitable, les plus impuissantes à assurer aucun progrès intellectuel ni moral.

Chacun doit se réédifier et se régénérer soi-même, car c'est par l'amélioration de l'individu que la masse s'améliore, et non autrement, ni par décret ni par déclaration publique. A chacun de monter laborieusement les échelons presque infinis qui mènent à une plus haute perfection intime. Chaque degré franchi est une conquête inappréciable.

J'ai souvent pensé que, autant il y a de distance entre le polype à peine organisé et vivant, et le lion, roi des animaux, autant il y en a, pour le moins, entre l'homme brut, aux instincts grossiers ou dépravés, et l'homme d'une haute moralité et d'une haute intelligence. C'est une seconde échelle des êtres superposée à l'autre. Dans celle-ci seulement la classification n'est point fixe, et les êtres sont appelés à gravir eux-mêmes dans la hiérarchie.

C'est ce qu'on ne comprend guère de nos jours. « La plus haute mission en ce monde, me disait un de mes amis, est celle des médecins ou des ingénieurs, parce qu'ils atteignent par la science à des résultats tangibles et pratiques. Quelle comparaison peut-on faire, par exemple, ajoutait-il, entre l'ingénieur qui invente un moyen de rendre plus rares les accidents sur les chemins de fer et qui conservera ainsi la vie à des milliers de personnes dans un espace quelconque d'années, et l'homme qui a sauvé l'*Iliade* d'Homère ou retrouvé la Vénus de Milo? » J'aurais essayé vainement de lui prouver que le service rendu par le premier est pourtant d'un ordre moins élevé que le service rendu par le second. Ce qui, en effet, contribue à enrichir la pensée, et le sentiment du beau y contribue en première ligne, a un tout autre prix que ce qui n'est utile qu'au soutien et au maintien de la vie physique. La différence, pour suivre ma comparaison de tout à l'heure, est aussi sensible que celle qui existerait entre une découverte qui serait utile au bien-être et à la croissance d'une espèce animale considérée indépendamment de l'homme, et celle qui servirait au bien-être et à la prospérité matérielle du genre humain.

Ce que je veux constater par cette digression, c'est la tendance utilitaire à laquelle bien peu échappent de notre temps. Nul ne regarde au delà de l'étroit horizon que sa vue embrasse. On ne se préoccupe que d'améliorer les conditions de l'existence matérielle que la destinée nous a faite. Qu'est-ce que la morale pour des esprits ainsi fermés et bornés? Une routine. Qu'est-ce que la pitié? Les souffrances d'une créature humaine ont-elles pour eux plus d'intérêt que celle d'une plante qui dépérit faute de terre végétale ou d'humidité? Quel sens a ce mot : se régénérer?

Les idées régnantes, ces basses doctrines qui fleurissent à présent sous des noms divers, sont un obstacle à toute régénération. Tant qu'elles régneront, le malheur ne pourra rien pour nous améliorer : il ne serait même pas étonnant qu'il produisît un effet contraire. Levez ces barrières d'airain qui entourent Paris, dissipez les bataillons qui nous tiennent prisonniers, faites que nous nous réveillions demain libres, maitres de nous-mêmes : je ne dis point qu'il n'y aura ni une corruption de moins ni une vertu de plus, car il ne faut pas nier d'heureuses exceptions, mais j'affirme que dans Paris il n'y aura rien de changé.

LETTRE XLIII

Mercredi, 21 décembre, 95e jour du siége.

On nous communique des extraits de divers journaux allemands qui ne manquent pas d'intérêt. Nous y lisons une proclamation du roi Guillaume qui, malgré les nouvelles fâcheuses qu'elle nous annonce ou qu'elle nous confirme, n'est pas sans nous faire quelque plaisir. Il y règne un sentiment de tristesse; il y perce même une certaine inquiétude. Cette proclamation est datée du 6 décembre. Le roi Guillaume commence par reconnaître que la guerre est entrée dans une nouvelle phase. « L'ennemi, dit-il, par des efforts extraordinaires, nous a opposé des troupes nouvellement formées. Une grande partie des habitants de la France a abandonné ses paisibles travaux, que nous n'avions pas entravés, pour prendre les armes. »

Quel espoir avions-nous? Précisément celui-là. Nous n'avions point formé d'autre vœu. En même temps que nous éprouvons une vive satisfaction d'apprendre que la France est debout, que les Français du nord et du midi courent aux armes, nous ne pouvons nous empêcher d'admirer la candeur de l'excellent monarque, qui ne comprend pas comment les habitants de la France abandonnent leurs paisibles travaux qu'il n'a pas entravés. Ce doucereux « que nous n'avions pas entravés » est vraiment caractéristique. C'est un mot de haute comédie. Il reconnaît aussi que les tentatives qui ont été faites au Bourget et à Champigny pour rompre les lignes d'investissement n'ont pas été repoussées sans « beaucoup de sacrifices sanglants. » Nous nous attachons à saisir tout ce qui peut, dans ce document officiel, nous être favorable, tout ce qui semble trahir moins de confiance chez l'ennemi vainqueur, tout ce qui jette un jour consolant sur la vigueur de nos jeunes troupes et la consistance de nos nouvelles armées. Nous ressemblons aux gens qui reçoivent en pays lointain des nouvelles d'un être chéri qu'ils ont lieu de craindre aux bords du tombeau : nous cherchons à saisir à travers les lignes tout ce qui nous permet de croire à une amélioration et d'espérer le salut.

Nous voyons, par ces mêmes journaux, qu'on se prépare à décerner au roi Guillaume le titre d'empereur d'Allemagne. Nous y lisons les lettres écrites à ce sujet par les rois de Bavière et de Saxe. Nous ne pouvons douter que la cérémonie ne soit prochaine. C'est, comme le dit le roi de Bavière, « le couronnement de l'édifice de l'unité allemande. » Il ne faut pas nous dissimuler la portée considérable de cet événement. L'Allemagne n'est plus une confédération, quoi qu'en veuillent dire les bons princes qui se prosternent aux pieds de leur suzerain ; l'Allemagne est un empire. La grande agglomération germanique se place à côté de la grande agglomération russe. Parlez-nous donc de nous émietter en petits États, de nous fédérer en républiques minuscules, à côté de ces géants ! C'est alors qu'il nous conviendrait d'être modestes et sages !

LETTRE XLIV

Dimanche, 24 décembre, 98e jour du siége.

Les armées de Paris sont de nouveau sorties depuis lundi. La troupe régulière, la garde mobile, la garde nationale mobilisée prennent part à l'action. Malheureusement, le froid est très-vif. Il gèle à 10 degrés au-dessous de zéro. Encore si c'était une de ces gelées claires qui excitent l'activité et l'énergie. Mais tout au contraire : la brume rampe sur la terre et ferme l'horizon à mille pas. Un vent très-aigre souffle du nord-est. On est glacé.

La lutte s'est engagée sur une étendue de dix à onze lieues, depuis le Mont-Valérien jusqu'à Nogent.

Les points d'attaque principaux ont été le Bourget au delà de Saint-Denis, et la Ville-Évrard au delà de Neuilly-sur-Marne.

Le Bourget a été attaqué de front par les marins et par le 134e régiment de ligne. Les marins, dit-on, se sont précipités sur l'ennemi, la hache à la main, comme à l'abordage. Sur six cents qu'ils étaient, deux cent soixante-dix-neuf ont manqué le soir à l'appel. Quatre officiers de marine ont été tués, MM. le vicomte Duquesne, Laborde, Moran, Pelletreau ; quatre autres, MM. Bouisset, Caillard, Patin et Witz, ont été blessés.

On n'a pu s'emparer du Bourget, qui est décidément réfractaire à nos armes.

« Pendant près de trois heures, dit l'amiral de La Roncière dans son rapport, les troupes se sont maintenues dans le nord du Bourget, jusqu'au delà de l'église, luttant pour conquérir les maisons une à une. Sous les feux tirés des caves et des fenêtres et sous une grêle de projectiles, elles ont dû se retirer ; leur retraite s'est faite avec calme. »

Les opérations dirigées par le général Vinoy du côté de la Marne ont d'abord réussi. Les brigades du général Blaise et du général Salmon ont occupé la Ville-Évrard et la Maison-Blanche, et grâce aux batteries du plateau d'Avron, elles ont pu s'y maintenir jusqu'à la nuit.

La Maison-Blanche est une ferme sur la route qui va de Gagny au pont de Gournay; ce point est distant de Paris de 17 kilomètres, si l'on compte depuis Notre-Dame; de 12 kilomètres, si l'on compte de la porte de Vincennes. Cela, comme vous voyez, portait assez loin nos avant-postes de l'Est.

Malheureusement on négligea de visiter les caves de la Ville-Évrard. Les Prussiens y étaient restés cachés en assez grand nombre. Nos soldats prirent possession des chambres abandondonnées par l'ennemi, allumèrent de grands feux, se jetèrent sur les lits de camp ou sur les sophas, et s'endormirent sans prendre plus de précautions que de coutume.

Les Prussiens sortirent des caves pendant la nuit, firent feu sur les sentinelles, envahirent les maisons. Il y eut un moment de confusion indescriptible. On combat au hasard, à l'aveugle, dans les rues, dans les cours, dans les escaliers. On se fusille à bout portant, on se frappe de la baïonnette, sans pouvoir à peine distinguer si l'on a devant soi un camarade ou un ennemi. Les soupiraux des caves vomissent des balles. Le terrain est jonché de blessés et de morts. Le son strident et aigu des sifflets prussiens se fait entendre de tous côtés. Nos clairons leur répondent bientôt. Une partie de nos troupes et de nos mobiles ont pris la fuite, mais une autre partie se rallie. Le général Blaise accourt pour rétablir l'ordre. Il est tué au moment où il passe devant une des caves d'où l'ennemi fait feu. Nos soldats se sont massés, ils reprennent le village, refoulent, poursuivent les Prussiens, qui disparaissent dans leurs tranchées.

Mais cette surprise nocturne nous a coûté cher.

Nos mésaventures sont nombreuses, et elles se ressemblent : nous ne nous décourageons pas de nous mal garder et de nous laisser surprendre. On dirait que c'est une vocation que cette guerre a révélée chez nous.

Comme le théâtre de l'action était du côté de Paris diamétralement opposé à celui que j'habite, on n'entendait rien de nos quartiers du sud. Il y a régné, au contraire, toute cette semaine un calme et un silence inaccoutumés. Les forts se taisent. On en est comme surpris et déconcerté. Quand la canonnade ne retentit point par intervalles, il semble que quelque chose d'anormal et d'inquiétant se passe.

C'est ce soir le réveillon. Il ne sera pas joyeux. Ces anniversaires de la vieille gaieté parisienne nous suggèrent des retours mélancoliques sur nous-mêmes et nous font jeter des regards plus soucieux sur ce qui se passe autour de nous.

LETTRE XLV

Dimanche, 25 décembre, 99e jour du siége.

Les opérations militaires sont terminées pour le moment. Un rapport à la date de ce jour nous le fait savoir :

« Les troupes ont cruellement souffert pendant la dernière nuit : de nombreux cas de congélation se sont produits.

« Le travail des tranchées a dû être arrêté par suite de la dureté du sol, qui est gelé jusqu'à 50 centimètres de profondeur.

« Dans cette situation, devenue grave pour la santé de l'armée, et qui pourrait l'atteindre dans son moral, le gouverneur de Paris a décidé que tous les corps qui ne seraient pas nécessaires à la garde des positions occupées seront cantonnés de manière à être abrités. Ils s'y remettront des pénibles épreuves qu'ils viennent de subir, et seront prêts à agir selon les événements.

« Les mesures que l'on vient de prendre pour sauvegarder la santé de nos troupes ont été nécessitées par une température tellement exceptionnelle, qu'il faudrait remonter à une époque très-éloignée pour en retrouver un autre exemple.

« Elles n'impliquent à aucun degré l'abandon des opérations commencées. Le gouvernement, le général, l'armée, le peuple, persévèrent plus que jamais dans la résolution de continuer la défense, au prix de tous les sacrifices, jusqu'à la victoire définitive. »

Voici, d'après le bulletin de l'ingénieur Ducray-Chevalier, la température que nous avons eue pendant ces derniers jours :

23 décembre, 6 heures du matin, 9 degrés 1 dixième; midi, 6 degrés; minuit, 9 degrés 5 dixièmes.

24 décembre, 6 heures du matin, 15 degrés; midi, 8 degrés 7 dixièmes; minuit, 10 degrés 8 dixièmes.

25 décembre, 6 heures du matin, 11 degrés 7 dixièmes; midi, 6 degrés 4 dixièmes; minuit, 6 degrés 1 dixième.

Ce froid excessif ajoute de nouvelles privations à celles que nous subissions déjà. Il épuise rapidement les moyens de chauffage. Le bois, qui nous restait seul, devient rare : quand on peut en trouver, on le paye de 5 à 8 francs les cent livres. Des désordres ont lieu sur divers points des arrondissements excentriques de Paris. Des bandes dévastent les clôtures en planches qui entourent les terrains non bâtis. Quelques-unes ont envahi des jardins et y ont coupé des arbres.

Le gouvernement nous annonce qu'il a ordonné de larges coupes dans les bois de Vincennes et de Boulogne et que l'administration des ponts et chaussées fait abattre les arbres qui bordent les routes nationales et départementales. Les chantiers des marchands de bois serviront de lieux de dépôt et de distribution. On rationnera le combustible comme on a rationné la viande de boucherie ; et les ménagères, après avoir longtemps attendu sous la pluie ou sous la neige la tranche de cheval qui doit garnir leur marmite, seront obligées d'obtenir, au même prix, le cotret qui la fera bouillir.

LETTRE XLVI

Lundi, 26 décembre, 100e jour du siége.

Qui eût osé prévoir, au commencement de septembre, que Paris, au bout de cent jours, serait encore assiégé, et plus que jamais obstiné dans la résistance?

Ces cent jours que nous venons de traverser fourniront certainement une page d'histoire honorable, quoi qu'il doive s'ensuivre d'ailleurs. La défense de Paris pendant cette période restera marquée d'un beau caractère, et d'un caractère assez inattendu. Le calme, hormis pendant un petit nombre d'heures, n'a pas cessé de régner dans cette immense population condamnée à des privations et à des souffrances cruelles. La liberté a été sans limites ; les journaux et les clubs ont poussé la licence à l'extrême. Ils n'ont pas réussi à déchaîner les passions révolutionnaires. Il n'y a eu d'oppression, de tyrannie, de persécution d'aucune sorte. C'est plus peut-être que les plus confiants n'espéraient.

Nous avons, dans ces cent jours, traversé deux périodes distinctes de la défense. La première comprend les mois d'octobre et de novembre, où nos troupes n'ont fait que des reconnaissances partielles et n'ont engagé que des escarmouches plus ou moins fortes avec l'ennemi. Le but du général en chef a été manifestement, pendant cette première période, d'exercer l'armée, d'habituer la garde mobile au feu, de les préparer l'une et l'autre à de plus grandes opérations. La seconde période a commencé le 30 novembre, et c'est celle où l'armée, enfin reconstituée, a pu se livrer à des opérations d'ensemble. Voilà deux fois déjà qu'elles sont entamées et qu'elles échouent. Ont-elles quelque chance d'aboutir, tant qu'une armée extérieure ne nous offre pas un point d'appui ? Je ne suis pas stratégiste, mais je ne puis m'empêcher d'en douter.

Le général Trochu fait, sur les lignes d'investissement, des pesées pour les faire craquer ; il met à l'épreuve la solidité des forces que l'ennemi nous oppose. Mais il ne lance pas l'armée de Paris à fond de train, pour passer outre. Il croit sans doute que cette armée irait se perdre dans le vide de trente ou quarante lieues qui règne autour de nous et ajouterait un nouveau désastre aux désastres que nous avons subis. Je ne saurais dire s'il a tort ou s'il a raison. Mais c'est le sens très-clair de sa stratégie. Dans ses grandes sorties, il marche avec la prudence du cavalier qui a rassemblé les rênes de sa monture et qui se tient prêt à la ramener en arrière, dès qu'elle trouvera devant elle un obstacle trop difficile à franchir.

Il agirait différemment, je suppose, si l'armée sortant de Paris devait trouver à quelque distance une autre armée pour la soutenir et pour la ravitailler. Il pousserait alors nos soldats en avant et ne les forcerait plus à reculer. Mais il faut, pour cela, que, sur quelque point de notre horizon, la France apparaisse faisant front à l'ennemi.

Le gouverneur de Paris doit interroger anxieusement cet horizon. La rigueur de la saison rend les communications avec l'extérieur difficiles et rares. Les pigeons voyageurs ne reviennent plus ou n'arrivent qu'à de longs intervalles. Avec quelle impatience le gouverneur de Paris doit attendre ces messagers retenus par la gelée et par la neige! avec quel frémissement il doit jeter les yeux sur ces dépêches saisies sous l'aile de l'oiseau! C'est peut-être la délivrance de Paris que le pli recèle; c'est la lutte rétablie entre la France et son adversaire qu'il annonce peut-être; c'est peut-être le salut de la patrie qu'il renferme! Tout est là, en effet, et notre sort dépend de cette double action qu'il faudrait pouvoir combiner dans un temps prochain.

LETTRE XLVII

Vendredi, 30 décembre, 104e jour du siége.

Peut-être n'avez-vous jamais entendu nommer le plateau d'Avron. Quoique peu de Parisiens aient parcouru autant que moi les environs de la grande ville, j'avoue que je ne connaissais pas, il y a un mois, ce monticule dont on parle beaucoup depuis lors. En avant de Montreuil-aux-Pêches, que vous vous souvenez d'avoir visité, il existe une ligne de forts et de redoutes, ce sont le fort de Rosny, la redoute de la Boissière, la redoute de Montreuil, et plus au nord le fort de Noisy ; au delà de ce cercle de défenses, s'élève le plateau d'Avron, comme un bastion avancé.

Le plateau d'Avron fut occupé par nous le 30 novembre, au matin ; des batteries y furent immédiatement installées. Elles rendirent de grands services pendant les batailles du 30 novembre, du 2 décembre et du 21 décembre. Les bulletins nous entretenaient assez régulièrement des exploits de l'artillerie d'Avron. En déchirant la bande de son journal, on se demandait : « Voyons donc ce qu'on a fait aujourd'hui au plateau d'Avron ! »

Le plateau d'Avron n'est plus que le théâtre abandonné d'une lutte sanglante. Depuis plusieurs jours, on y était en éveil, parce qu'on s'apercevait de travaux inaccoutumés dans les positions allemandes.

Dans la nuit de lundi à mardi, on y avait vu un mouvement extraordinaire de falots. Le 27, à quatre heures du matin, nous dit un témoin oculaire, un grand bruit se fit à Noisy-le-Grand, comme celui produit par l'explosion de plusieurs maisons et l'écroulement d'un pan de mur. Noisy s'emplit de lumières ; et l'on vit une façon de fusée-signal monter lentement au-dessus des maisons du village et éclater en l'air, laissant tomber un reflet bleuâtre sur les ruines qui venaient d'être causées par l'explosion.

Un instant de silence suivit l'ascension de cette fusée, puis on entendit un coup de canon bruyant et sec à la fois : c'était la canonnade qui commençait.

Depuis lors une pluie de fer n'a cessé de pleuvoir sur le plateau d'Avron. Voici les pièces officielles :

27 décembre, soir.

« L'ennemi a établi trois batteries de gros calibre au-dessus de la route de l'Ermitage, au Raincy; trois batteries à Gagny; trois batteries à Noisy-le-Grand; trois batteries au pont de Gournay.

« Le feu a été engagé dès ce matin, avec la plus grande violence : il était dirigé sur les forts de Noisy, de Rosny, de Nogent et sur les positions d'Avron.

« Tout le monde s'est tenu ferme à son poste, sauf quelques hommes qui ont quitté les tranchées dès le début, et qui y ont été ramenés, pour y passer la nuit, par ordre du général Vinoy.

« Ce combat d'artillerie a duré jusqu'à cinq heures, entretenu plus ou moins activement. Nos pertes s'élèvent à environ 8 tués et 50 blessés, dont 4 officiers de marine.

« Au fort de Noisy, il n'y a eu aucun homme

atteint ; 2 hommes au fort de Rosny, et 5 à celui de Nogent ont été blessés.

« En résumé, cette première journée de bombardement partiel contre nos avancées et nos forts, avec des moyens dont la puissance est considérable, n'a pas répondu à l'attente de l'ennemi.

« Notre feu très-vif a dû lui faire éprouver des pertes sérieuses sur les points les plus à portée du plateau.

« L'attaque de l'ennemi ne fera qu'augmenter le courage de la population de Paris. Elle a prouvé par sa constance qu'elle est résolue à une résistance inflexible ; elle s'associera aux nobles efforts de ses défenseurs en redoublant de calme et de discipline. Prête à tous les sacrifices pour sauver la patrie, elle ne peut être surprise ou ébranlée par aucune épreuve. »

28 décembre.

« Le bombardement, commencé hier, a continué aujourd'hui. L'ennemi a dirigé contre nous le feu de ses batteries de gros calibre et couvert de plusieurs milliers de projectiles de 24 les forts de Rosny, de Noisy, de Nogent et le plateau d'Avron. En ce qui regarde les forts, leurs garnisons n'ont eu, en réalité, que peu à souffrir. Selon l'usage, les hommes qui n'étaient pas de service avaient reçu l'ordre de se retirer dans les casemates blindées. Aussi, malgré la quantité d'obus lancés par l'ennemi, on ne compte qu'un tué, dix blessés et quelques contusionnés.

« Il n'en pouvait être de même sur le plateau d'Avron. Cette position, entièrement découverte, n'offre à nos soldats, en dehors des tranchées de campagne, dont elle est entourée, aucun abri naturel. Toute la journée, le plateau a été labouré par le tir de huit batteries convergentes. Le gouverneur s'est rendu sur les lieux ; il a visité les tranchées, encouragé les soldats et donné les ordres nécessaires.

« L'emploi par l'ennemi de moyens nouveaux et très-puissants nous obligera sans doute à modifier notre système de défense. Selon toute probabilité, c'est le bombardement qui commence, le bombardement par les fameux canons Krupp, tant de fois annoncés. Mais tout a été prévu dès le début du siége, même les extrémités auxquelles pourrait se porter l'assiégeant, quand il en viendrait à éprouver des doutes sur la possibilité de prolonger le blocus.

« Malgré des pertes sensibles, les troupes, d'abord un peu étonnées, ont soutenu avec fermeté cette attaque violente et d'un caractère tout à fait inattendu pour elles. »

20 décembre.

« Le feu, qui avait été modéré dans la matinée d'hier sur les positions bombardées, est devenu très-vif dans l'après-midi et la soirée. De nouvelles batteries ont appuyé celles qui avaient été précédemment établies par l'ennemi.

« Nos pièces, moins puissantes que les canons Krupp, ayant dû renoncer à faire feu, le plateau est devenu tout à fait intenable pour l'infanterie.

« Le gouverneur avait le devoir impérieux de soustraire cette artillerie et ces troupes à une situation que l'intensité croissante du feu de l'ennemi ne pouvait qu'aggraver : il a ordonné et organisé sur place la rentrée des pièces en arrière des forts ; cette opération difficile et laborieuse s'est effectuée pendant la nuit et dans la matinée.

« Le tir de l'ennemi, dans la soirée, passant par-dessus le plateau d'Avron, atteignait la route stratégique et par moments les villages environnants.

« La nouvelle phase, prévue depuis longtemps, dans laquelle entre le siége de Paris, pourra transformer les conditions de la défense, mais elle ne portera atteinte ni à ses moyens ni à son énergie. »

Le plateau d'Avron était le seul gage qui fût resté

entre nos mains à la suite des grandes combats du 30 novembre. La nouvelle de l'évacuation du plateau d'Avron a très-péniblement impressionné les Parisiens.

LETTRE XLVIII

Vendredi, 30 décembre, 104e jour du siége.

Tout semble indiquer, et les documents officiels paraissent le prévoir eux-mêmes, que le bombardement ne tardera pas à être général, et que l'ennemi ouvrira bientôt le feu contre la ville. Les journaux prussiens le réclament à cor et à cris, ainsi que nous le voyons par quelques extraits qui nous sont parvenus. Il règne dans tous les cercles de Berlin un vif mécontentement à cause du retard des mesures énergiques à prendre contre Paris. Le parlement doit envoyer au roi Guillaume une députation pour le presser d'adopter ces mesures énergiques. Les professeurs de la docte Allemagne dissertent sur ce sujet comme ils disserteraient sur une question de philosophie transcendante. Il s'agit pour eux de savoir si le moment psychologique du bombardement est venu ou n'est pas venu. La *Gazette de Silésie* est l'interprète de ces nouveaux docteurs en droit *canon*; voici comment cette bonne *Gazette* raisonne dans un article qui a eu du succès parmi nous :

« Dans Paris s'était développé un esprit belliqueux contre lequel une simple épouvante promettait peu d'effet. Sur les dissensions politiques il y avait à peine à compter. En outre, le général Trochu avait réussi à discipliner et à instruire militairement ses forces au combat. Ainsi, de très-concluantes considérations psychologiques parlaient pour que le bombardement ne fût commencé qu'après que nos victoires en pleine campagne auraient détruit les espérances que les Parisiens fondaient sur les armées de secours.

« Le moment psychologique devait, d'après toutes ces considérations, jouer un rôle saillant; car, sans son concours, il y avait peu à espérer du travail de l'artillerie. Un siége formel (en règle) ne pouvait pas être considéré comme opportun. Avec une résistance énergique, cela ne nous aurait conduits au but que dans un temps assurément plus éloigné que celui où la faim promet d'ouvrir les portes. Il ne pouvait donc être question que d'opérations accélérantes. »

Il paraît qu'on juge, dans les universités d'outre-Rhin, que le moment *psychologique* est décidément venu. On commencerait bientôt « les opérations accélérantes. »

Malgré tous les signes menaçants, nous ne nous effrayons pas. Déjà ces bruits ont plusieurs fois circulé sans que la réalité ait suivi. On espère que cette fois-ci encore il en sera de même. A vrai dire, nous avons acquis une certaine résignation fataliste qui ne nous permet pas de nous émouvoir de la présence des canons Krupp. Nous attendons les événements avec flegme. Nous tournons un à un les feuillets d'un livre historique : nous verrons ce que contiendra la page de demain.

LETTRE XLIX

Samedi, 31 décembre, 105e jour du siége.

C'est dans une heure que s'achève, au milieu de tristesses redoublées, cette funeste année 1870. Dans une heure le temps aura planté, comme dit un orateur chrétien, un nouveau jalon sur la route de l'éternité.

Ce qui reste ici de la famille s'est réuni ce soir, suivant notre antique usage, c'est-à-dire que j'ai dîné tête à tête avec notre oncle qui porte si vaillamment ses quatre-vingt-trois années. Nous avons partagé un morceau de cheval, que son habile cuisinière avait mis tout son art à accommoder.

Nous aurions pu à la rigueur nous procurer quelque mets plus rare. Hier vendredi, la foule se pressait au coin des rues Richelieu et Neuve-Saint-Augustin pour contempler les deux ours du jardin des Plantes, dont la viande était mise en vente au prix de 14 francs la livre.

Comme garantie d'authenticité, les deux têtes, broyées par la masse des bouchers, étaient exposées à côté des corps.

Bien mieux, nous aurions pu nous offrir un de ces régals que ne s'accordent que les nababs de l'Inde, quand ils célèbrent des fêtes solennelles. Nous aurions pu nous faire fricasser une trompe ou un pied d'éléphant, qui sont, à ce qu'on prétend, des morceaux extrêmement délicats. Vous n'avez pas oublié les deux jeunes éléphants qui, chaque après-midi, étaient promenés par leurs cornacs dans le Jardin d'acclimatation, portant sur leurs dos les bambins et les bambines enchantés de trôner sur les mêmes montures que les rajahs de Cachemir ou les reines de Golconde. Ces deux éléphants, nommés Castor et Pollux, si complaisants et si débonnaires, malgré les petits accès de gaieté auxquels ils se livraient parfois et qu'il fallait pardonner à leur jeune âge (ils avaient six ans), ont dû être sacrifiés. Les fourrages sont trop chers; on ne pouvait plus les nourrir. Ils ont servi à la nourriture des Parisiens.

L'administration du Jardin d'acclimatation les a vendus 27,000 francs à M. Deboos, de la *Boucherie anglaise*. Ce qui a été triste, c'est l'immolation de ces innocents.

Pollux a été abattu par M. Devisme, l'armurier en renom, à l'aide d'une carabine spéciale, carabine ayant un calibre de 33 millimètres, et chargée d'une balle explosible de 15 centimètres de long, contenant 80 grammes de poudre, et pesant 280 grammes, c'est-à-dire un petit obus plutôt qu'une balle.

Le coup a été tiré à une dizaine de mètres; la balle a fait explosion dans les entrailles du malheureux Pollux. Celui-ci est resté debout et s'est agité, sans chercher toutefois à briser ses liens. Au bout de quelques minutes seulement, il est tombé; mais il a donné longtemps signe de vie. On avait rempli plusieurs seaux de son sang, qu'il se débattait encore dans les souffrances de l'agonie.

Castor a subi le même sort que son frère; il a été abattu par une arme plus simple, mais peut-être d'une efficacité plus prompte. M. Milne Edwards fils s'est servi d'une carabine de chasse à deux coups, chargée de balles coniques à pointes d'acier. Frappé une première fois à la tempe, Castor a poussé un cri plaintif, est tombé à genoux, puis s'est relevé. La seconde balle l'a atteint alors au milieu du front. Il est retombé à genoux, puis s'est étendu sur le flanc droit. Sa trompe a frissonné légèrement. Il avait cessé de vivre.

Castor et Pollux ont été découpés en filets, en aloyaux et en côtelettes. C'étaient sans doute deux jouvenceaux de belle corpulence ; mais on rencontre tant de gens qui en ont mangé ou qui vont en manger, que le miracle de la multiplication des pains semble se renouveler en cette occasion. Il n'y a point de petit restaurant qui n'inscrive le filet d'éléphant sur sa carte. On entend tous les bons bourgeois dire avec satisfaction : « Nous aurons, à notre dîner, du boudin ou des saucisses d'éléphant. » Je crois qu'ils poussent loin la crédulité, si toutefois ils sont vraiment crédules. Nous vivons dans la cité des illusions volontaires ou involontaires.

Ce ne sont pas, du reste, les seuls animaux rares dont le Jardin d'acclimatation ait approvisionné Paris en l'honneur des étrennes. Il a sacrifié, en outre, ses gracieuses antilopes, ses bizarres kanguroos, ses casoars et ses cormorans. La boucherie du boulevard Haussmann étale les produits les plus inconnus de l'Australie, de l'Océanie, du Thibet et de l'Amérique du Sud ; on lit, sur des étiquettes, des noms que Buffon ignorait. Je n'ai pas besoin d'ajouter que ces mets inusités sont cotés à des prix des *Mille et une Nuits*. Songez donc qu'un vulgaire dindon vaut cent cinquante francs.

Aussi nous sommes-nous contentés, pour notre repas de la Saint-Sylvestre, du morceau réglementaire que la boucherie municipale avait bien voulu nous octroyer.

Le mets n'est pas sans doute un régal de roi, mais tel qu'il est, il n'excite, je vous assure, aucun dédain; on n'y touche pas d'une dent superbe, comme le rat de ville touchait au festin frugal du rat des champs. On l'attaque avec vigueur, et ce qui demeure sur le plat n'est pas assez lourd pour causer d'indigestion à personne.

Nous avons naturellement parlé de ceux qui manquaient à la fête. Vous aussi, vous vous êtes rassemblés ce soir à la table de famille, et vous étiez plus nombreux que nous. Les enfants dissipaient par leur babil et par leur bruit ce qui plane toujours de mélancolie sur ce dernier repas de l'année. Et je suis sûr que le menu de votre banquet était plus friand que le nôtre. Maintenant que la route de Paris est fermée, tous les beaux poissons de la marée doivent rester chez vous; soles et barbues, turbots et saumons abondent sans doute dans vos marchés. Que ne pouvez-vous nous en expédier quelques-uns par ballon? ils seraient bien reçus.

Notre bonne ville de Saint-Omer a sans doute ses

remparts hérissés de canons. Nous nous flattons qu'à la différence des nôtres, ils resteront silencieux, et que l'ennemi n'ira pas vous rendre visite. Par les dépêches officielles et par les nouvelles que les journaux nous donnent de temps en temps, nous voyons que la lutte ne s'éloigne guère des bords de la Somme.

Un général prussien, sous prétexte d'entretenir l'amiral de La Roncière d'un échange de prisonniers, nous a fait part d'un échec que l'armée du Nord aurait subi aux environs d'Amiens.

« Je viens d'apprendre officiellement de Versailles, dit l'obligeant parlementaire, que cette armée du Nord a été battue par le général Manteuffel, le 23 et le 24 décembre, à l'est d'Amiens, qu'elle est en pleine retraite dans la direction du nord-est, où elle est poursuivie. »

Cette communication officieuse nous donne, du moins, l'assurance qu'Amiens n'est pas dépassé de beaucoup par l'ennemi.

Il n'y a que trente lieues, il est vrai, d'Amiens à Saint-Omer ; mais le pays est hérissé de places fortes ; les populations picardes et artésiennes sont serrées et belliqueuses. Les Allemands ne franchiront pas ces trente lieues au pas de course ; ils n'avanceront point dans cette direction là comme ils avancent dans le centre ou dans l'ouest. Ils préféreront, je crois, se répandre dans des contrées plus ouvertes et moins défendues. C'est ce qui nous rassure pour vous.

J'ai voulu m'entretenir avec vous pendant ces derniers instants de l'année. Voici minuit qui sonne : l'année 1870 s'abîme dans le passé, et je la vois disparaître avec une sorte de soulagement. Nous entrons dans l'année 1871 ; puisse celle-ci nous apporter une meilleure fortune, réparer les maux causés par sa devancière, et finir aussi bien qu'elle commence mal ! Puisse-t-elle nous permettre de nous revoir bientôt !

L

Lundi, 2 janvier 1871, 107e jour du siége.

Une remarque que nous faisons tous, c'est que les oiseaux, d'ordinaire si nombreux dans les jardins de Paris, ont tous fui la malheureuse ville. Vous vous rappelez ces hardis pierrots qui venaient picorer sur le bord de vos fenêtres les graines que vous y répandiez à leur intention : ils ont disparu. Il n'y a plus un seul moineau franc dans le Luxembourg, où ils voltigeaient par nuées; l'absence de ces hôtes innombrables le rend plus silencieux et plus désert.

Il est vrai que Paris, où le peuple ailé a toujours joui d'immunités presque inviolables, perdait de jour en jour de sa bienveillance accoutumée. On voyait, dans les jardins ou le long des boulevards, des individus munis de fusils à vent ou de longues sarbacanes, s'avancer avec précaution et viser dans les arbres effeuillés le menu gibier posé sur les branches. Écoutez donc! ce n'est pas une chasse sans profits, car le plus maigre moineau est coté 1 fr. 25 chez les marchands de comestibles. Je ne crois pas cependant que ce soit cette chasse qui ait déterminé l'émigration universelle des oiseaux. Ils semblent plutôt l'avoir prévenue, car les chasseurs, lorsqu'ils se sont mis en campagne, n'ont plus trouvé que de rares victimes au bout de leurs tubes meurtriers. Les pierrots avisés ont senti, dès le mois de novembre, que l'air du pays ne leur était plus favorable, que l'antique hospitalité cessait pour faire place à un sentiment tout contraire. Plus de distributions de graines, plus de gâteau ni de pain émietté dans les gazons. Il planait sur cette ville quelque malaise insolite, quelque vague menace, dont leur instinct les avertit. Ils partirent avec un singulier ensemble, comme s'ils s'étaient donné le mot d'ordre. En conscience, on ne peut pas dire qu'ils ont mal fait.

Les chiens et les chats sont également beaucoup moins nombreux que jadis. On ne voit plus de chiens errants, et pour cause. Les voyous les traquent et les conduisent aux boucheries spéciales, où la chair du chien se débite à quatre francs la livre. Soit qu'ils aient déjà été en butte à quelque tentative de rapt, soit qu'ils aient deviné les intentions perfides que l'homme nourrit à leur égard, les chiens sentent à merveille qu'il ne fait plus bon pour eux de vagabonder et de folâtrer au loin. Ils marchent à côté de leur maître et sous sa protection immédiate. Comme on en a vu, malgré cela, enlevés avec une singulière dextérité par les pourvoyeurs des boucheries canines, les personnes qui sont attachées à leurs chiens les laissent peu sortir, les tiennent en chartre privée. C'est une des causes pour lesquelles on n'en rencontre presque plus.

Il faut le dire aussi : l'homme ne garde pas toujours à son fidèle compagnon, dans ces circonstances critiques, la foi qu'il lui devrait. Il y a de pauvres chiens volontairement immolés par leurs maîtres. Quelques-uns de ceux-ci cèdent tout simplement aux suggestions de leur appétit ; ils mangent Phanor, pour lui conserver un maître, comme dirait Calino. Un caricaturiste nous montre un couple de ces cannibales, ou canibales, disant en achevant leur repas : « Pauvre Azor, comme il se régalerait, s'il pouvait ronger ses os ! » C'est toutefois, croyons-nous, le très-petit nombre dont l'estomac ait un aussi impitoyable courage. La plupart ne se décident point à dévorer eux-mêmes leur compagnon. Mais ils trouvent que ce compagnon coûte cher à nourrir ; ils sont tentés peut-être par les quarante ou cinquante francs que vaut un chien ordinaire. Un jour, ils font ce que vient de faire un de nos voisins : ils écrivent à un boucher de ces boucheries spéciales une lettre conçue à peu près de la sorte : « C'est l'heure des grands sacrifices ; j'ai deux chiens ; je songe qu'ils pourraient soutenir les forces et affermir le courage de nos braves défenseurs ; je me résous à les immoler sur l'autel de la patrie. Soyez assez bon pour passer à mon domicile, afin de les examiner et de me dire quel prix vous voulez y mettre. » Le boucher arrive, félicite le vendeur de son dévouement civique, offre une somme qui est acceptée, et emmène les bonnes bêtes que leur maître, tout en empochant les quelques louis qu'elles lui procurent, ne voit pas s'éloigner sans sentir une larme humecter ses paupières. Ainsi est fait le cœur humain.

Les chats ne contribuent pas moins que leurs ennemis domestiques à l'alimentation des ménages. Le nœud coulant ne les épargne pas. Leurs habitudes noctambules les exposent à être poursuivis à outrance. Les gouttières même les plus hautes ne sont plus sûres pour eux. Ce sont de pleins sacs que certains industriels recueillent dans l'espace d'une nuit.

Quand nous vîmes installer, il y a deux mois, les premières boucheries canines et félines, dans lesquelles les rats ont aussi leur case (un rat coûte deux francs), quand nous vîmes s'ouvrir alors ces boucheries, nous crûmes, à vrai dire, qu'on spéculait sur la badauderie parisienne.

Mais il n'en est plus ainsi. Elles fonctionnent très-sérieusement. On y fait queue comme aux autres boucheries. La population qui s'y porte semble dire au gouvernement de la défense nationale : « Vous voyez, nous consentons à subir toutes les extrémités, nous ne faisons pas les difficiles ; » ce dont le gouvernement de la défense nationale est peut-être plus embarrassé que charmé, car il faudrait savoir ou pouvoir utiliser cette patriotique abnégation.

LETTRE LI

Mardi, 3 janvier, 108e jour du siége.

Depuis un mois, les compagnies de guerre de la garde nationale sont employées hors de l'enceinte ; on les envoie passer plusieurs jours aux avant-postes; on les place en deuxième ligne dans les attaques exécutées par l'armée. Presque partout leur attitude a été très-satisfaisante.

Notre vaillant ami de W., qui fait partie des compagnies de marche du 3e bataillon, m'écrit de Créteil ses impressions de la vie aux avant-postes. Voici ce qu'il me raconte :

Notre bataillon est depuis huit jours aux avant-postes de Créteil. Nous sommes à quelques centaines de mètres des grand's gardes prussiennes. Malgré cela nous sommes assez tranquilles. Nous avons autour de nous des champs de pommes de terre et d'autres légumes, qui n'ont pas été complétement dépouillés, et qui fournissent à notre ordinaire un supplément que vous pouvez nous envier. Les fusillades sont rares et n'ont pas de suites graves. On fait peu de reconnaissances. Il y a, à deux cents mètres de nos lignes, une grande maison que les Prussiens occupent pendant la nuit : nous voyons parfois des paillettes de feu sortir des cheminées et révéler la présence de l'ennemi. Elle semble déserte pendant le jour. Nous avons demandé à tenter un coup de main sur cette maison; mais il paraît que l'entreprise serait sans intérêt. M. le colonel Le Mains, commandant supérieur à Créteil, ne nous le permet point.

Le matin avant le jour, nous entendons distinctement la diane allemande qui sonne en même temps que la nôtre. C'est là une triste impression qui accompagne notre réveil.

Le temps est rude : la plaine, devant nous, est couverte de neige. Nous avons la nuit d'épais brouillards qui rendent les factions très-pénibles. Vous ne sauriez croire combien le brouillard qui obscurcit tout à quelques pas de nous, qui nous enveloppe comme d'un voile impénétrable, complique désagréablement la faction aux créneaux ou la garde aux tranchées. On a conscience qu'il est impossible de rien prévenir ; on n'aperçoit pas même son voisin. On est à la merci de l'inconnu. Je comprends combien le fusilier Pitou doit nous être supérieur dans de telles circonstances : il n'a pas cette imagination enfiévrée qui nous tourmente et qui nous fait entrevoir dans l'ombre mille fantômes inquiétants.

Nous sommes tranquilles, vous ai-je dit ; mais nous le sommes à la condition de nous garder vigilamment. Je veux vous montrer que cette vigilance n'est pas inutile par ce qui m'est arrivé la nuit passée. Je remplissais le rôle de sentinelle volante. Les factionnaires de la compagnie étaient échelonnés derrière un mur de deux mètres et demi à trois mètres, percé de créneaux. Çà et là des échelles sont placées pour qu'on puisse atteindre au sommet du mur. De l'autre côté passe un chemin vicinal bordé de gros arbres ; et, à une certaine distance, s'élève la maison dont je vous parlais tout à l'heure et qui sert d'abri nocturne aux Prussiens.

Je parcourais un espace de deux à trois cents mètres. La nuit n'était pas très-claire ; toutefois il n'y avait point de brouillard. Un factionnaire me dit : « Voici plusieurs fois que j'entends marcher de l'autre côté de la muraille. Je suis sûr de distinguer le bruit de pas à peu près étouffés par la neige. » Une échelle était près de nous. Je monte, je passe la tête au-dessus du mur, je regarde de tous mes yeux : je n'aperçois rien. Cependant je remarque tout au pied de la muraille une masse noire immobile. Je cherche en vain à deviner ce que cela peut être. Je détache de la crête du mur des morceaux de pierre ; je les lance

10.

contre la masse noire qui ne rend point de son distinct. Je fais jouer la batterie de mon fusil, je la mets en joue, elle ne fait aucun mouvement. « Si je tire sur un amas d'herbes sèches ou de broussailles, pensè-je, je donnerai l'alarme, tout le bataillon sera sur pied, on se moquera de moi. » Je relève donc mon arme et descends de l'échelle. Je parcours la ligne qui m'était assignée ; lorsque je reviens à cet endroit, je monte de nouveau : la masse noire est toujours à la même place. Tranquillisé, je continue ma promenade plus lentement. Cependant, lorsque je repasse au bout d'un quart d'heure ou de vingt minutes, je veux avoir le cœur net de ce qui m'a intrigué, et je monte de nouveau à l'échelle : la masse noire n'y était plus.

Ce matin, nous avons constaté que la neige avait été piétinée le long du mur et derrière les arbres du chemin. Ces messieurs d'en face étaient venus s'assurer que nous ne dormions pas ; et cette nuit, pendant que je gesticulais, dépassant le mur à mi-corps comme une marionnette des tréteaux, j'avais probablement une dizaine de spectateurs habilement dissimulés sur lesquels je ne comptais pas.

Tel est le récit de notre ami, qui n'est pas, comme vous le voyez, sans quelque couleur dramatique. Il est très-certain que le zèle et le dévouement ne manquent pas dans toute cette population armée. Sur différents points, on a moins retenu son ardeur qu'à

Créteil, et on lui a laissé faire quelques reconnaissances qui ont été exécutées avec vigueur.

Ainsi, dès le 24 novembre, le contre-amiral Saisset félicitait le 72e bataillon.

« Le 72e bataillon de guerre de la garde nationale, disait le contre-amiral, conjointement avec le 4e bataillon des éclaireurs de la Seine, est allé aujourd'hui, à deux heures, occuper militairement le village de Bondy, sous le commandement supérieur du capitaine de frégate Massion.

« L'entrain du 72e bataillon a été tel qu'il a franchi les barricades de Bondy, refoulé l'ennemi d'arbre en arbre sur la route de Metz et le long du canal de l'Ourcq.

« Le commandant Massion a été blessé et transporté à l'ambulance du ministère de la marine.

« Le 72e bataillon compte 4 blessés, aucun tué. Le 4e bataillon des éclaireurs de la Seine, qui gardait la droite dans les tranchées qui relient le village de Bondy au cimetière, n'a pas eu de blessés. »

Le *Journal officiel* publie aujourd'hui des ordres du jour du contre-amiral Pothuau, du général de Beaufort, du vice-amiral Saisset, qui rendent hommage à la fermeté, à l'entrain, au bon vouloir et au bon esprit de la garde nationale mobilisée.

LETTRE LII

Mercredi, 4 janvier, 109e jour du siége.

Dans la lettre que je vous écrivis hier, je rendais pleine justice à la garde nationale mobilisée. Sachant que vous êtes, avant tout, soucieux de connaître l'exacte vérité, je puis aujourd'hui retourner la médaille et en montrer le revers.

Les rapports élogieux dont la garde nationale mobilisée a été l'objet sont mérités sans contredit. Ces éloges ne sont pas dus toutefois à tous les bataillons également. Quelques faits regrettables sont à signaler d'autre part.

Nous avons eu d'abord l'affaire des Tirailleurs de Belleville qui a fait grand bruit. Ce bataillon était placé sous le commandement direct de M. Gustave Flourens, qui était, en outre, chef de cinq bataillons des mêmes quartiers, en dépit des règlements qui concernent la garde nationale. M. Gustave Flourens s'était fait des Tirailleurs une sorte de garde du corps.

Ils eurent la plus grande part à la surprise du

31 octobre. M. Gustave Flourens a écrit aux journaux un récit de cette journée, qui est l'épopée tragi-comique des Tirailleurs de Belleville. Quand le narrateur raconte comment les mobiles bretons pénétrèrent dans les salles de l'Hôtel de Ville occupées par ses cinq cents Tirailleurs, pour expliquer la nécessité où ils furent de céder la place, il dit en soupirant : « D'ailleurs il n'y avait qu'un paquet de six cartouches dans les cartouchières de mes Tirailleurs ! » Et il donne à entendre que, s'ils en eussent eu davantage, on ne lui aurait pas enlevé aussi aisément ses prisonniers, c'est-à-dire les membres du gouvernement.

A la suite de ces événements, M. Gustave Flourens fut décrété d'arrestation et plus ou moins recherché. Il dut abandonner, en fait, le commandement des Tirailleurs.

Malgré tout cela, le gouvernement avait toujours montré une certaine faiblesse pour ces Tirailleurs. Ils avaient été traités avec une faveur toute spéciale, équipés les premiers, armés de chassepots, alors que les bataillons de marche n'ont que des fusils dits *à tabatière*. Lorsqu'ils partirent pour les avant-postes le 25 novembre, M. Jules Ferry alla lui-même les haranguer et leur remettre un drapeau commandé spécialement pour eux, privilége d'autant plus remarquable qu'il est contraire aux règlements militaires de porter un drapeau aux avant-postes, et que, par ordre formel du commandant supérieur, tout bataillon de marche, sortant de Paris, doit laisser son drapeau au bataillon sédentaire.

Tant il est difficile d'amadouer d'opiniâtres ennemis! cette galanterie fut mal interprétée dans les clubs du quartier et ne fit qu'exciter la défiance : « Pourquoi est-on venu en grande pompe donner un drapeau au bataillon de Belleville, quand on se garde bien d'en donner aux autres? N'est-ce pas assez clair, citoyens? On a voulu désigner aux coups des Prussiens les républicains de Belleville, et c'est ce drapeau, offert par les Machiavels de l'Hôtel de Ville, qui servira à les faire connaître! »

Quoi qu'il en soit, les Tirailleurs, qui demandaient à être employés aux opérations extérieures et à se mesurer avec l'ennemi, partirent pour les avant-postes. Un témoin oculaire m'a décrit leurs exploits.

Peu de jours après leur arrivée à Créteil, comme ils étaient rangés en ligne sur la place, un personnage sortit tout à coup des rangs, se débarrassa d'un pardessus qui l'enveloppait, et apparut à tous les yeux surpris en brillant uniforme de major de tranchée : c'était M. Gustave Flourens. M. Gustave Flourens se dirigea vers le porte-drapeau, et, on ne sait dans quelle intention, voulut s'emparer du drapeau. Le porte-drapeau refusa de le céder. M. Flourens le saisit et se mit à le tirer violemment pour le lui arracher. L'autre tirait de son côté. Les Tirailleurs se déclarèrent, les uns en faveur du porte-drapeau, les autres en faveur du major. Ce fut une émeute sous les armes. Au milieu du conflit, l'étoffe de l'étendard, brodé peut-être par les Grâces de l'Hôtel de Ville, se déchira et resta au pouvoir du major, tandis que le porte-drapeau gardait la hampe. Les spectateurs de l'armée et de la garde nationale riaient beaucoup de cette scène. Mais le commandant supérieur, colonel Le Mains, intervint et menaça les Tirailleurs de les renvoyer à Belleville. Ils rentrèrent dans les rangs, et M. Gustave Flourens lui-même, endossant son pardessus, subitement s'éclipsa.

Un des angles de la tranchée se développant en crémaillère avait été confié au bataillon. Les Bellevillois se trouvèrent avoir pour voisins les gardes nationaux du 147e bataillon appartenant à la Villette. L'hostilité la plus vive éclata entre eux. Ils établirent dans la tranchée une barricade qu'ils s'interdirent mutuellement de franchir, sous peine d'être reçus de l'autre côté à coups de fusils. Quand on interrogeait les uns ou les autres sur les motifs de cette inimitié, ils répondaient seulement que leurs voisins étaient des gredins, de la canaille, et que l'honnêteté les empêchait de frayer avec eux. Mais cette délicatesse, dont les deux partis se targuaient également, paraît invraisemblable à l'ami dont je tiens ces renseignements : il croit plutôt à un antagonisme politique ; les Bellevillois, selon lui, sont Blanquistes, et les gens de la Villette sont Jacobins, partisans de Delescluze. Là serait la véritable cause de leur querelle. Nous laissons à l'histoire à décider ce point.

Il s'agissait de savoir comment les Tirailleurs feraient leur service. Les plaintes ne tardèrent pas à s'élever de toutes parts. Dans un premier rapport, en date du 28 novembre, c'est-à-dire trois jours après leur arrivée à Créteil, le chef du bataillon déclare qu'étant sorti le soir, à huit heures et demie, accompagné de l'adjudant-major Lallemant, il a fait une ronde dans la tranchée et recommandé à ses hommes de ne pas tirailler inutilement. La ronde terminée, il se retirait dans la direction de la ferme des Mèches, lorsqu'il entendit une vive fusillade et aperçut bientôt, fuyant à la débandade, une grande partie des 1re et 2e compagnies de son bataillon, de service à la tranchée. Ce ne fut qu'à grand'peine et à force d'énergie qu'il arrêta ses hommes et parvint à les ramener en partie à leur poste.

Cette honteuse échauffourée, provoquée, d'après certains rapports, par la fusillade intempestive des Tirailleurs, coûta la vie à trois d'entre eux, plus trois blessés. Les hommes rejetèrent la cause de leur panique sur le capitaine Ballandier, qui aurait fui le premier en criant qu'ils étaient tournés.

Le lendemain, les Tirailleurs de Belleville ont été ramenés en arrière des avant-postes et cantonnés sous le fort de Charenton.

Ordre leur fut donné plus tard de reprendre leur poste à la tranchée, ils s'y refusèrent. Sur de nouvelles injonctions, ils finirent par s'y rendre ; mais une nuit, le commandant trouve derechef le poste qu'ils occupaient abandonné. Le jour suivant, il ne peut réunir ses hommes pour le service de l'avancée, la plupart étant absents et le reste refusant d'obéir. Parmi ceux-ci, quelques-uns donnent pour motif, « et ceux-là n'ont pas tort, » dit le commandant, qu'ils ne peuvent aller à la tranchée avec des hommes dont les mœurs leur sont suspectes, et qu'ils demandent l'épuration du bataillon.

Au 4 décembre, 61 tirailleurs, sur 457, étaient rentrés à Paris avec armes et bagages, sans demander permission. L'aide major du bataillon, parti le 28 novembre pour conduire des blessés à l'ambulance, ne reparut point. M. Gustave Flourens fut, le 6, arrêté au milieu de ses hommes.

Par décret du gouvernement, en date du 6 décembre, le bataillon des Tirailleurs de Belleville fut dissous et les hommes appartenant à ce bataillon furent tenus de remettre leurs armes et leur équipement entre les mains du commandant d'artillerie du 5e secteur dans le délai de trois jours, sous peine d'être poursuivis comme détenteurs d'armes de guerre.

Telle fut la campagne militaire des Tirailleurs de Belleville, laquelle ne répondit point du tout aux promesses fanfaronnes qu'on avait faites en leur nom.

Une mésaventure moins grave survint peu après à la 4e compagnie du 214e bataillon (quartier de Ménilmontant). Un factionnaire placé derrière un mur fut saisi de panique; croyant voir des Prussiens (on assure qu'il n'y avait là que quelques corbeaux inoffensifs), il déchargea son fusil au hasard et ne blessa que le mur qui était devant lui. Un sauve-qui-peut s'ensuivit. Des soldats et d'autres gardes nationaux qui accoururent trouvèrent le poste abandonné : la soupe toute prête était restée sur le théâtre de l'échauffourée; elle fut consommée par les survenants, comme étant de bonne prise, au milieu de l'hilarité générale.

Enfin, lors de la grande sortie du 21 décembre, les compagnies de guerre du 32e bataillon (quartier de Montmartre) rentrèrent en désordre dans la nuit du mercredi au jeudi. La population fit à ces gardes nationaux un accueil plus que sévère; ils furent hués, et les femmes, s'armant de balais, se portèrent même à des voies de fait contre plusieurs officiers. Le chef de bataillon fut mis aux arrêts, et le 32e bataillon reçut le lendemain l'ordre de repartir sous le commandement du plus ancien capitaine.

Ce sont là des accidents à peu près inévitables d'une première initiation au métier des armes; ils ne furent remarqués que parce que les bataillons qui donnèrent ces exemples peu glorieux appartenaient précisément aux quartiers les plus exaltés et d'où partent les réclamations les plus bruyantes en faveur de la lutte à outrance et de ce qu'on nomme « la sortie torrentielle. »

Ce n'est pas assurément que ces bataillons soient moins braves que les autres. Auraient-ils donc moins de zèle qu'ils n'en font paraître? les démonstrations auxquelles ils se livrent, comme les passions dont ils sont animés, seraient-elles plus politiques que patriotiques? seraient-ils plus disposés à la guerre civile qu'à la guerre contre l'étranger? Voilà ce qu'on se demande en relevant ces faits qui ne sauraient être dépourvus de signification.

Peut-être, et plus simplement, ces mésaventures tiennent-elles à leur plus grande indiscipline. On leur enseigne, dans les clubs de Montmartre et de Belleville, que la discipline est contraire à la dignité d'un républicain. Ils ne prouvent que trop bien le soin qu'ils ont de leur dignité, et l'on voit ce qui en résulte.

Mais ce qui est plus grave que ces paniques accidentelles, c'est le désordre porté aux avant-postes par un certain nombre de nos gardes nationaux mobilisés. Dans les villages qu'ils vont occuper, il arrive trop souvent qu'ils saccagent les maisons, pillent les caves, enfoncent les armoires, brûlent les meubles de prix, arrachent les arbres fruitiers des jardins. Des plaintes sur ces actes de dévastation ont retenti dans les feuilles publiques. C'est ainsi qu'on a signalé ceux accomplis à Montrouge et à Arcueil par les compagnies qui rentrèrent à Paris le 16 décembre. Les hommes de ces compagnies revendirent à des marchands des environs de la place Maubert une quantité d'objets pillés à Arcueil, notamment des batteries de cuisine en cuivre.

J'ai souvent entendu des gardes faisant partie des bataillons mobilisés exprimer leur indignation des désordres dont ils avaient été témoins. « Les officiers, me disait l'un d'eux, donnent l'exemple à leurs hommes. S'ils trouvent un objet à leur convenance, s'ils voient, par exemple, dans une chambre une belle gravure encadrée, ils brisent le cadre, roulent la gravure et la mettent dans leur porte-manteau. Les gardes tirent des coups de revolver dans les glaces, brisent ou détruisent tout pour le plaisir de détruire. Aussi, quand nous traversons les villages habités, les paysans nous accablent de malédictions : ils nous appellent les Prussiens de Paris, pires que les autres. » Celui qui me donnait ces détails, et qui est un brave ouvrier faisant partie des compagnies de marche du XIe arrondisse ment, ajoutait : «Quand nous nous en revenons à Paris, j'ai l'âme navrée de ce que j'ai vu, et la rougeur au front ! »

Il faut bien reconnaître que les Prussiens n'auront pas été les seuls auteurs des ravages qui se commettent autour de Paris. Les mobiles et les mobilisés parisiens y auront coopéré pour une bonne part.

LETTRE LIII

Jeudi, 5 janvier, 110e jour du siége.

Jusqu'ici on n'a employé les compagnies de guerre qu'avec beaucoup de ménagement : elles ont participé aux fatigues plutôt qu'aux dangers de l'armée. La proclamation suivante semblerait indiquer qu'on va changer de système.

« Au moment où l'ennemi menace Paris d'un bombardement, le gouvernement, résolu à lui opposer la plus énergique résistance, a réuni en conseil de guerre, sous la présidence du gouverneur, les généraux commandant les trois armées, les amiraux commandant les forts, les généraux des armes de l'artillerie et du génie. Le conseil a été unanime dans l'adoption des mesures qui associent la garde nationale, la garde mobile et l'armée à la défense la plus active.

« Ces mesures exigeront le concours de la population tout entière. Le gouvernement sait qu'il peut compter sur son courage et sur sa volonté inflexible de combattre jusqu'à la délivrance. Il rappelle à tous les citoyens que, dans les moments décisifs que nous allons traverser, l'ordre est plus nécessaire que jamais. Il a le devoir de le maintenir avec énergie; on peut compter qu'il n'y faillira pas. »

La garde nationale et la population tout entière s'applaudissent d'être associées enfin à la défense la plus active. S'il y a une chance de succès contre vingt, qu'on tente cette chance; mais qu'on ne temporise plus, car elle pourrait bientôt disparaître.

LETTRE LIV

Vendredi, 6 janvier, 111e jour du siége.

Cette fois la promesse n'était pas vaine. Hier soir, comme je remontais la rue d'Assas pour rentrer chez moi, j'entends tout à coup un sifflement étrange, fouettant, déchirant l'air, qui passait au-dessus de la rue Vavin, et qui fut suivi d'une formidable détonation. Il n'y avait point à se faire illusion : c'était un obus qui venait d'éclater. Je continuai ma route, en serrant de plus près le pied des maisons. Au carrefour de l'Observatoire, nouveau sifflement et détonation nouvelle dont je vis la lueur dans le Luxembourg. Je rentrai chez moi et me couchai; mais l'air était plein de serpents. Les obus passaient sans cesse par dessus la maison. Il était impossible de s'endormir au son de ces messagers de mort.

Je me levai et descendis vers le carrefour de l'Observatoire; il était environ une heure du matin. Il y avait un grand mouvement dans les ambulances construites en planches sur les terrains séparés du jardin du Luxembourg. Quelques projectiles avaient éclaté sur ces ambulances et blessé des blessés. Une panique s'empara des malheureux : ceux qui pouvaient marcher ou se traîner voulaient partir; ceux qui étaient cloués sur leur lit suppliaient qu'on les enlevât, qu'on les mît à l'abri. C'était un spectacle pitoyable. L'ordre d'évacuer ces ambulances avait été donné avant minuit; mais l'opération était laborieuse. Un assez grand nombre de personnes habitant le boulevard Saint-Michel ou la rue d'Assas y aidaient de leur mieux : de moment en moment, il en survenait d'autres, regrettant de n'avoir pas été prévenus plus tôt. Quand j'arrivai, on évacuait les dernières salles. Dans une salle située près de la rue d'Assas, il ne restait plus que deux blessés; un obus survint et tua l'un d'eux. L'autre poussait des cris perçants. C'était un jeune mobile du Tarn qui ne savait pas un mot de français. Pendant qu'on l'emportait sur un brancard, il pleurait à chaudes larmes. L'affaiblissement physique ne permettait pas sans doute au pauvre enfant de supporter cette épreuve avec plus de fermeté.

On admira beaucoup le courage calme des sœurs qui présidaient à ce triste déménagement. Aucune ne donna le plus léger signe de crainte; attentives, allant d'un malade à l'autre, elles s'assuraient que toutes les précautions étaient prises pour que le transport fût le moins pénible possible. Elles ne quittèrent les baraques qu'avec le dernier blessé. Je vis leur cortége s'éloigner définitivement dans la nuit, sans précipitation, comme un détachement de vieux soldats battant en retraite sous le feu de l'ennemi.

Les ambulances étaient vides. Quelques factionnaires furent placés pour veiller aux incendies. Malgré les détonations qui continuaient de se faire entendre tout aux alentours, je regagnai ma demeure.

Quand vint le jour, les projectiles cessèrent de siffler. Je sortis de bonne heure. Il y avait déjà beaucoup de monde en chemin pour aller voir les dégâts causés par le bombardement nocturne. On forme des groupes devant les endroits les plus maltraités. On s'arrête surtout autour des baraques des ambulances, dont toutes les vitres sont brisées et dont les planchers sont tachés de sang. On s'indigne de la barbarie de l'ennemi et des cruautés odieuses et inutiles qu'il exerce contre la population parisienne. On n'est pas abattu. On est plus animé au contraire; on est affermi dans la volonté de résister jusqu'aux dernières limites du possible.

LETTRE LV

Samedi, 7 janvier, 112e jour du siége.

Les événements ne démentent pas les pronostics favorables que j'ai toujours formés sur la sûreté de votre asile. Un pigeon voyageur nous est arrivé le jour des Rois. Il nous apporte la nouvelle que, le 3 janvier, l'armée du Nord, commandée par le général Faidherbe, s'est vigoureusement battue à Bapaume ; qu'après une lutte de dix heures, elle a chassé les Prussiens de toutes les positions qu'ils occupaient et leur a infligé des pertes considérables. Voilà leur mouvement arrêté de ce côté. Je m'en réjouis, et dans l'intérêt général, et dans notre intérêt. J'aurai donc été bon prophète en vous prédisant que vous ne verriez pas l'ennemi.

Les nouvelles nous manquaient depuis longtemps. Aucun de ces pigeons qui servent de messagers entre la province et l'arche parisienne n'était revenu depuis trois semaines. Sept ou huit sont restés en route, ce qu'on peut aisément constater par le numéro d'ordre que porte chacun d'eux. Ces pauvres oiseaux souffrent cruellement du froid et de la neige. Leur bec gèle, dit-on ; ils ne peuvent prendre leur vol dans les hauteurs de l'air, où le froid est plus vif encore. Ils restent à peu de distance du sol et sont par là même exposés à toutes sortes d'accidents. Ils sont épiés par les Allemands avec une attention extrême ; et, lorsqu'ils ont atteint le territoire de Paris, ils ne sont pas sauvés encore ; tous les dangers ne sont pas passés. L'impatience, la crainte qu'ils ne s'échappent, le besoin de faire du zèle, sont cause qu'ils sont poursuivis, traqués sur les toits, parfois tués. On en a rapporté qui avaient été tués d'un coup de fusil. On a beau recommander, au contraire, de ne pas les effaroucher, de les laisser à leur instinct qui les ramènera sûrement au colombier natal ; il y a toujours des gens qui croient se donner, sans doute, un certain mérite en s'emparant de ces messagers et qui risquent de les épouvanter et de nous priver ainsi de dépêches d'une importance peut-être incalculable.

Aussi ces pauvres voyageurs nous reviennent-ils presque tous blessés, estropiés, ayant perdu au moins quelques plumes. Exténués, à demi morts, ils s'abattent sur la planchette qui est à l'entrée du colombier ; ils y restent sans mouvement et comme sans vie, épuisés par ce grand voyage de cinquante ou soixante lieues accompli dans l'espace. C'est là que le maître du colombier, toujours aux aguets, les recueille, les prend doucement, les réchauffe, les ranime, puis examine avec soin l'estampille empreinte sur leur plume blanche et les dépouille de leur précieux fardeau, quand ils n'en ont pas été déjà dépouillés ou ne l'ont pas perdu.

Le pigeon voyageur devrait vraiment être pour nous un animal sacré, bien plus sacré que ne l'était le chat ou le serpent pour les Égyptiens. Songez donc que celui qui nous est arrivé le jour des Rois apportait, outre les dépêches du gouvernement, *quinze mille* dépêches privées. Peut-être ce chiffre vous paraît-il exagéré ; il est pourtant exact. Les dépêches sont réduites par la photographie à des dimensions infiniment petites. On ne peut les lire qu'à l'aide d'une lampe au magnésium et d'un verre grossissant d'une puissance considérable. Combien ces quinze mille dépêches ont calmé d'inquiétudes, adouci de noirs chagrins, en même temps que les dépêches officielles peuvent permettre aux généraux de se concerter et aux deux parties de la France, depuis longtemps séparées, d'agir d'accord, de se retrouver et de se réunir ! Et tout cela grâce à ce pauvre pigeon qui, malgré la distance, malgré la neige et les coups de feu, revient fidèlement à son nid.

LETTRE LVI

Samedi, 7 janvier, 112e jour du siége.

Hier, une affiche sur papier rouge a été posée dans Paris et principalement dans les quartiers de l'ancienne banlieue. Elle provoquait le peuple à renverser le gouvernement et dénonçait le gouverneur de Paris comme méditant la capitulation. Elle demandait, en outre, la Commune, l'attaque en masse, le réquisitionnement général et le rationnement gratuit, c'est-à-dire en réalité la masse de la population livrée à la merci des gredins et le succès le plus prompt assuré à l'ennemi. Cette affiche était signée d'une quarantaine de noms de soi-disant délégués des vingt arrondissements de Paris. Elle a été presque partout lacérée par le peuple même.

Le général Trochu a jugé à propos d'y répondre en ce qui le concerne, par la proclamation suivante :

« Au moment où l'ennemi redouble ses efforts d'intimidation, on cherche à égarer les citoyens de Paris par la tromperie et la calomnie. On exploite contre la défense nos souffrances et nos sacrifices.

« Rien ne fera tomber les armes de nos mains. Courage, patience, patriotisme !

« Le Gouverneur de Paris ne capitulera pas.

« Paris, le 6 janvier 1871.

« *Le Gouverneur de Paris*,

« GÉNÉRAL TROCHU. »

Il eût aussi bien fait de garder le silence, car beaucoup de gens, qui n'ont point vu ou qui n'ont point lu le placard rouge, se demandent avec étonnement ce que signifie cette déclaration. Mais nos généraux, non plus que nos hommes d'État, ne savent se taire. Les uns et les autres se plaisent à gaspiller de l'encre et nous prodiguent les phrases à l'envi. Les phrases ! voilà une denrée dont la disette ne se fait point sentir malgré le blocus, et qui abondera toujours en France.

LETTRE LVII

Mardi, 10 janvier, 115e jour du siége.

Le bombardement continue.

Voici les renseignements que le *Journal officiel* nous fournit :

« Après un investissement de plus de trois mois, l'ennemi a commencé le bombardement de nos forts le 30 décembre, et, six jours après, celui de la ville. Une pluie de projectiles, dont quelques-uns pesant 94 kilogrammes, apparaissant pour la première fois dans l'histoire des siéges, a été lancée sur la partie de Paris qui s'étend depuis les Invalides jusqu'au Muséum. Le feu a continué jour et nuit, sans interruption, avec une telle violence que, dans la nuit du 8 au 9 janvier, la partie de la ville située entre Saint-Sulpice et l'Odéon recevait un obus par chaque intervalle de deux minutes.

« Tout a été atteint : nos hôpitaux regorgeant de blessés, nos ambulances, nos écoles, les musées et les bibliothèques, les prisons, l'église de Saint-Sulpice, celles de la Sorbonne et du Val-de-Grâce, un certain nombre de maisons particulières. Des femmes ont été tuées dans la rue, d'autres dans leur lit; des enfants ont été saisis par des boulets dans les bras de leur mère. Une école de la rue de Vaugirard a eu quatre enfants tués et cinq blessés par un seul projectile.

« Le musée du Luxembourg, qui contient les chefs-d'œuvre de l'art moderne, et le jardin où se trouvait une ambulance qu'il a fallu faire évacuer à la hâte, ont reçu vingt obus dans l'espace de quelques heures. Les fameuses serres du Muséum, qui n'avaient point de rivales dans le monde, sont détruites.

« Au Val-de-Grâce, pendant la nuit, deux blessés, dont un garde national, ont été tués dans leur lit. Cet hôpital, reconnaissable à la distance de plusieurs lieues par son dôme que tout le monde connaît, porte les traces du bombardement dans ses cours, dans ses salles de malades, dans son église, dont la corniche a été enlevée.

« Aucun avertissement n'a précédé cette furieuse attaque. Paris s'est trouvé tout à coup transformé en champ de bataille, et nous déclarons avec orgueil que les femmes s'y sont montrées aussi intrépides que les citoyens. Tout le monde a été envahi par la colère, mais personne n'a senti la peur.

« Tels sont les actes de l'armée prussienne et de son roi, présent au milieu d'elle. Le gouvernement les constate pour la France, pour l'Europe et pour l'histoire. »

On fait bonne contenance dans cette nouvelle épreuve. Notre rôle, sans doute, est de dire tout haut : « Cela ne nous fait pas de mal, » et nous n'y manquons pas. Mais, en réalité, une vive souffrance est ajoutée, pour les quartiers qui subissent le feu de l'ennemi, à toutes les souffrances qu'ils enduraient déjà. La nuit du 8 au 9 a été terrible entre toutes. La pluie de fer n'a cessé de tomber. Tout le monde, dans la maison que j'habite, a été debout. Les femmes pleuraient, les enfants criaient. Quelques locataires descendirent dans les caves. Les heures parurent longues cette nuit-là.

Dans le jour, on entend aussi passer et éclater des projectiles, à plus longs intervalles, il est vrai, mais trop souvent encore. On n'est plus chez soi avec tranquillité et plaisir. On les attend, et on a beau faire, on ne saurait se désintéresser de cette attente, ni ressaisir la possession bien libre de son esprit. Cette inquiétude achève de gâter la vie.

Nous voyons juste en face de chez nous, et sans qu'aucun obstacle gêne notre vue, s'élever le côteau de Châtillon. La perspective ne manque pas de charme en temps ordinaire ; les champs verdoient, les maisons blanches grimpent comme un troupeau jusqu'au haut de la colline. Tout au sommet, une double rangée d'arbres régulièrement espacés indique la route de Châtillon au Petit-Bicêtre. Nous avons souvent, vous vous en souvenez bien, par les beaux jours de printemps ou d'automne, reposé avec satisfaction nos regards sur ce vaste horizon. Mais, en ce moment, il ne fait point plaisir à voir : une des plus fortes batteries prussiennes est juchée sur ce coteau, et, quoiqu'on ne la voie point, elle gâte singulièrement le paysage.

C'est vers Bagneux, dans l'espèce de petite dépression qui sépare ce village des dernières maisons de Fontenay-aux-Roses et du parc de l'institution de Sainte-Barbe-des-Champs, qu'est établie la batterie dont les feux sont spécialement dirigés sur Montrouge.

Les Prussiens ont, en outre, deux batteries dans la hauteur qui domine Châtillon et sépare ce village de Fontenay. Ces deux batteries sont superposées ; leurs feux convergent avec ceux de la batterie de Bagneux, vers Montrouge.

Au premier plan, c'est-à-dire au plan le plus élevé, se trouve la batterie la plus importante. Elle est placée sur la route de Châtillon même, au point où elle forme un coude, après avoir franchi la rude montée, au-dessus du village, et où elle arrive au moulin de la Tour, que vous vous rappelez bien. Cette batterie, dite du Réservoir, est abritée par un pli de terrain ;

on en aperçoit la fumée qui s'élève derrière un rideau d'arbres, en colonnes quelquefois très-multipliées, ce qui indique que cette batterie est considérable ; c'est elle qui bat le fort de Vanves, le secteur des remparts, et qui porte jusqu'au Panthéon, en envoyant ses projectiles par-dessus nous.

Sur tout ce vaste périmètre qui va des Invalides au Muséum et à la Salpêtrière, les maisons se vident à demi de leurs habitants. Les caves regorgent d'objets de toute sorte qu'on y a descendus. On se heurte dans les couloirs souterrains à des mobiliers entassés.

Çà et là, on voit, en longeant le trottoir, la fumée sortir d'un soupirail, et pour éviter aux passants une sollicitude inutile, on a placé près du soupirail un écriteau avec ces mots : « Ne faites pas attention à la fumée qui sort de la cave : elle est habitée. »

LETTRE LVIII

Mercredi, 11 janvier, 116e jour du siége.

Notre maison est comme le point marqué au centre d'une cible, quand les tireurs n'ont fait qu'en approcher sans l'atteindre. Les obus ont tracé un cercle tout autour ; il en est tombé devant et derrière, à droite et à gauche ; aucun ne l'a touchée. Toutefois, las de servir aux Prussiens de quintaine, et comme il me paraît inutile de faire de la bravade contre ces forces aveuglément destructives, je prends le parti de chercher un asile hors de la portée des canons Krupp, au moins pour y passer en sécurité les heures nocturnes.

On déménage beaucoup dans nos quartiers de la rive gauche. Petites et grandes voitures stationnent pendant le jour à toutes les portes. On ne rencontre que gens chargés de sacs de voyage et de paquets. Mais c'est le soir que le mouvement d'émigration s'accentue. Des familles entières descendent processionnellement, à la tombée de la nuit, le boulevard

Saint-Michel, la rue des Saints-Pères, la rue du Bac, les principales voies qui conduisent à la rive droite. C'est un véritable exode.

L'aspect de la rive gauche devient, du reste, assez sombre pour justifier cette émigration, surtout à mesure que la soirée avance. Toutes les boutiques, tous les magasins se ferment aux premières ombres. A peine un marchand de vin, un marchand de tabac, un café restent ouverts ou plutôt entr'ouverts jusqu'à neuf heures du soir. Tous les cent pas, les anciens becs de gaz, qui ne sont plus que des lanternes brûlant de l'huile de pétrole, semblent épaissir l'obscurité plutôt que la dissiper. Les passants marchent vite. De moment en moment, une forte détonation éclate, comme une voiture de pavés qu'on décharge en bloc. C'est un obus qui est tombé près ou loin; mais la détonation est si forte qu'on le croit toujours tombé à peu de distance.

On hâte le pas vers des régions hospitalières. Sur les quais de l'École et du Louvre, on aperçoit des gens qui errent toute la nuit malgré le froid : les uns sont des curieux; ils cherchent à voir les lueurs qui se dessinent par instants au fond de l'horizon du sud ; ils écoutent, d'un lieu sûr, les sifflements et les explosions des projectiles et se communiquent leurs conjectures sur l'endroit où ces projectiles ont pu tomber, les Parisiens se font un spectac'e de tout. D'autres de ces noctambules sont des habitants des quartiers du Luxembourg ou des Gobelins qui hésitent à rentrer à leur domicile et qui n'ont point d'autre gîte.

LETTRE LIX

Jeudi, 12 janvier, 117e jour du siége.

Les transfuges de la rive gauche sont presque tous établis sur la rive droite en camp volant, pour ainsi dire. Les plus favorisés ont obtenu des logements vacants que les municipalités ont mis à leur disposition. Ils n'y ont porté que le strict nécessaire ; leurs provisions de vivres ou de chauffage ne leur servent plus que malaisément ; ils viennent au jour le jour chercher ce dont ils ont besoin.

D'autres sont descendus chez des parents ou des amis ; mais au milieu de circonstances si difficiles, c'est mettre à l'épreuve les vertus hospitalières des amis ou des parents que de s'installer chez eux. On s'efforce de leur alléger le plus possible le fardeau.

C'est ainsi qu'au moment où il nous était le plus

précieux, l'intérieur accoutumé, le *at home* nous fait défaut. On est nomade, on porte son bonnet de nuit dans sa poche; on mange au restaurant.

Les restaurants prennent une physionomie nouvelle. D'ordinaire, ce sont des hommes jeunes et isolés, des étrangers, des voyageurs qui en forment la clientèle. On y voit maintenant affluer des familles depuis l'aïeul jusqu'à la petite-fille, de vieilles dames, de respectables bourgeois, peu faits évidemment aux coutumes de ces lieux.

Vous me demanderez ce que peuvent servir les restaurants dans la disette où nous en sommes réduits. J'avoue que c'est un point assez mystérieux. Ils font des cartes du jour pourtant, et des cartes assez complètes : vous y lisez à peu près tous les titres séduisants que vous y lisiez jadis, toutefois avec des transpositions singulières. Vous trouvez, par exemple, sur une carte, non pas : chevreuil en civet, mais civet en chevreuil. Qu'est-ce que cela peut être? Le cuisinier seul le sait.

Les viandes, déguisées par des sauces piquantes, sont ou des viandes conservées, ou des viandes inconnues. Ce serait un tort de chercher avec trop de sollicitude à quelle famille de quadrupèdes elles appartiennent. Quand on vous sert du veau, ou du mouton, ou du chevreuil, il faut y aller de bonne foi. Il ne servirait à rien d'approfondir.

Le légume le plus abondant est le cardon, que je ne connaissais pas, et qui n'a que des mérites très-relatifs. D'où viennent ces copieuses réserves de cardons? C'est là un de ces mille problèmes que soulève la cuisine du siége, car en comparaison de nos chefs les hiérophantes d'Éleusis n'avaient point de secrets.

Avez-vous jamais entendu parler des nouilles? C'est une sorte de macaroni sans fromage que je ne vous recommande pas.

Je vous laisse imaginer, s'il est possible, les formes infiniment variées sous lesquelles se produit le riz, potage au début du repas, entremets au milieu, croquettes au dessert. Heureux ceux qui ne sont point fatigués du riz, car il est devenu notre aliment presque exclusif, et nous n'avons rien à envier aux Chinois!

En résumé, « on mange pour vivre, et on ne vit point pour manger, » selon le précepte que l'avare Harpagon voulait inscrire en lettres d'or sur la cheminée de sa salle et que nous pratiquons à notre corps défendant.

LETTRE LX

Vendredi, 13 janvier, 118e jour du siége.

Je vous ai dit que, désirant priver les Prussiens de la satisfaction de me foudroyer à dix kilomètres de distance, j'ai cherché, pour la nuit, un asile moins exposé à leurs feux que notre appartement. J'ai été accueilli avec empressement dans une grande maison de librairie située non loin de la Seine et hors de la portée des canons Krupp. Cette maison est en ce moment un caravansérail. Les employés ou commis habitant les quartiers bombardés sont venus se réfugier dans leurs bureaux. Les brocheuses, descendues des hauteurs de Vaugirard, occupent leur atelier. Les magasins sont des dortoirs : chaque coin est habité; des couchettes s'abritent derrière les piles de livres.

J'ai pour ma part le bureau de la librairie espagnole. C'est là que je viens le soir goûter les douceurs du repos, sans appréhender d'être réveillé tout à coup par un obus trouant le plafond. Avant le jour, quelques coqs, trahissant les sages précautions de nos hôtes se mettent à chanter, comme s'ils n'avaient rien à craindre des appétits aiguisés qui veillent autour d'eux. Ces chants des volatiles imprévoyants ne sont point dépourvus de charme : ils nous ramènent aux souvenirs de la vie champêtre qui sont bien éloignés de nous, puis ils nous rappellent que nos hôtes veulent bien nous inviter de temps en temps à apprécier les chanteurs à un autre point de vue que le point de vue musical ; or, vers le 120e jour du siége, un poulet rôti présente à l'imagination une perspective que l'on ne méprise pas.

Le jour venu, les magasins s'ouvrent moins par nécessité que par tradition, les affaires étant presque entièrement suspendues. On se rassemble, comme les passagers sur le pont du vaisseau, quand la nuit a été agitée. Après avoir pris une tasse de thé, je sors et je monte vers le Luxembourg. Je marche vite, car je ne suis pas sans inquiétude de ce qui a pu arriver chez nous pendant la nuit. Je me demande si je retrouverai ma maison debout. D'aussi loin que possible, je cherche à constater s'il n'y a point de groupe formé devant la porte : c'est à ce signe infaillible qu'on reconnaît d'abord les bâtiments qui ont été frappés. Quand j'ai vu qu'il ne se passe rien d'extraordinaire à cet endroit-là, je m'avance plus allègrement, je m'approche et demande aux voisins des nouvelles de la nuit. Jusqu'à ce jour, notre logis est sain et sauf ;

espérons qu'il en sera de même jusqu'à ce que cet affreux tintamarre finisse.

LETTRE LXI

Samedi, 14 janvier, 119ᵉ jour du siége.

Un des spectacles les plus tristes que le siége nous réservât, c'est le pillage des arbres des boulevards. Sur tous nos boulevards du Sud, des maraudeurs abattent les grands et vieux arbres, dont quelques-uns, au dire de gens experts, ont plus de cent cinquante ans ; et non-seulement les grands arbres sont jetés par terre, mais ceux qui commençaient seulement à donner de l'ombre, mais les jeunes plants de l'année dernière sont détruits ; on arrache même les planches des bancs que la ville a fait installer sur ces boulevards pour la commodité des promeneurs.

J'ai vu briser, en plein jour, des clôtures en planches sur le boulevard de Port-Royal. On a même brisé et volé une partie de celles qui avoisinaient le pont de la rue de Lourcine, ce qui rend cette voie très-dangereuse la nuit; mais on ne se borne pas aux clôtures qui appartiennent à la ville, les propriétés particulières ne sont pas plus respectées.

Un de ces dimanches passés, une centaine d'hommes, de femmes et d'enfants avaient pénétré dans une propriété privée, avec des haches, des scies, suivis de voitures de transport; ils abattaient et coupaient tranquillement de beaux arbres. La propriétaire, s'étant plainte timidement, avait été menacée et maltraitée. Par bonheur, un élève de l'École polytechnique et des gardes nationaux de service aux environs sont intervenus et ont empêché ce pillage de s'accomplir jusqu'au bout; ils ont eu de la peine: il a fallu mettre la baïonnette aux fusils; je ne sais même s'il n'y a pas eu menace de faire feu.

Les maraudeurs ne comprirent même pas la défense qui leur était faite. « Cet arbre est à moi, disait l'un d'eux, je l'ai abattu. » On voit combien la propriété est prompte à reparaître; elle disparaît sous la forme du Tien, et reparaît bien vite sous celle du Mien. Il a fallu arrêter une quinzaine de gens. Une vive émotion a suivi cette affaire. Les pillards annonçaient qu'ils reviendraient dans la journée ou dans la nuit.

J'ai vu au carrefour de l'Observatoire un individu, portant l'uniforme de la garde nationale, s'arrêter au pied d'un arbre centenaire; il tira une scie de sa poche, donna un trait de scie autour du tronc et s'en alla recommencer plus loin. L'arbre était perdu ; il ne restait plus qu'à l'abattre. Cet individu fut conduit au poste par quelques spectateurs indignés. Mais à peine avions-nous tourné les talons, qu'on le relâchait. Il n'y a plus de répression publique.

Des femmes, des enfants, armés de hachettes et de couteaux, vont tout le long des contre-allées, tailladant les arbres qui sont encore debout, en détachant l'écorce. Aucun de ces arbres n'y survivra.

Si encore cette destruction était faite dans la mesure des nécessités impitoyables qui pressent les pauvres gens, on la souffrirait sans se plaindre. Mais elle donne lieu à des trafics scandaleux. Ces pillards d'arbres revendent le bois qu'ils abattent ; ce ne sont pas des besogneux, ce sont des négociants. C'est là un affligeant désordre, et qui nous rend moins fiers de Paris.

Pauvre Paris ! ceux qui l'ont quitté ne le reconnaîtront plus, tant il est noir, malpropre, dévasté ! On nous dit que des amateurs venus des différentes contrées européennes sont à Versailles pour assister au bombardement, comme on ferait à un spectacle émouvant et grandiose. Ces étrangers voient le fer pleuvoir sur la cité hospitalière, où tous assurément ont été, à une autre époque, accueillis sans réserve et fêtés cordialement. Ils admirent les beaux coups des canons prussiens qui répandent la dévastation et la mort dans la ville sociable par excellence. Pauvre Paris, et triste Europe !

LETTRE LXII

Dimanche, 15 janvier, 120e jour du siége.

C'est aujourd'hui le jour du payement du terme des loyers ; le gouvernement avait accordé au mois d'octobre un délai de trois mois pour le payement du terme échu à cette époque ; il vient d'accorder un nouveau délai de trois mois aux « locataires habitant le département de la Seine, qui déclareront être dans la nécessité d'y recourir pour le payement du terme de loyer échu le 1er janvier 1871 et des termes précédemment échus qui ne seraient pas encore acquittés. »

Je vous disais hier, à propos des pilleurs d'arbres, que, dans une situation comme la nôtre, l'idée de la propriété tend naturellement à s'affaiblir. Quand un propriétaire réclame son loyer, il excite chez les uns l'étonnement, chez les autres la colère.

Un clerc d'avoué que je connais, chargé de faire les

recettes du propriétaire d'une maison sise rue du Temple, s'est présenté chez un marchand de vin occupant le rez-de-chaussée de cette maison pour lui demander très-humblement s'il avait ou s'il n'avait pas l'intention de payer son terme, rien de plus. Des gardes nationaux qui étaient présents dans la boutique ont roulé le clerc indiscret dans le ruisseau, en disant qu'il faut être un animal bien effronté pour oser réclamer des loyers sous la république.

LETTRE LXIII

Dimanche, 15 janvier, 120e jour de siége.

Hier, même dans la journée, le bombardement des quartiers de l'intérieur n'a pas cessé, notamment dans les environs du Luxembourg. Cette nuit et ce matin encore, les projectiles sont tombés en assez grand nombre dans certaines rues du faubourg Saint-Germain.

Le *Journal officiel* donne aujourd'hui les résultats connus du bombardement de Paris, à partir du 5 janvier jusqu'à la tombée de la nuit du 13 au 14.

Puis récapitulant le nombre des victimes, il trouve les résultats ci-après.

			Tués.	Blessés.	Victimes.
Du	5 au	6,	5	5	10
Du	6 au	7,	4	6	10
Du	7 au	8,	2	13	15
Du	8 au	9,	22	37	59
Du	9 au	10,	12	36	48
Du	10 au	11,	3	10	13
Du	11 au	12,	1	20	21
Du	12 au	13,	2	11	13
			51	138	189

Sur 51 victimes tuées, il y a 18 enfants, 12 femmes, 21 hommes.

Sur les 138 victimes blessées, il y a 21 enfants, 45 femmes, 72 hommes.

Total : 39 enfants, 57 femmes, 93 hommes.

Le général Trochu a écrit au comte de Moltke pour le prévenir que les prisonniers allemands malades ou blessés ont été transportés à l'hôpital du Val-de-Grâce, que les bombardeurs semblent viser spécialement. Il importe, en effet, que les Prussiens sachent qu'en tirant sur le Val-de-Grâce, ils tirent sur les leurs.

LETTRE LXIV

Lundi, 16 janvier, 121e jour du siége.

Depuis quelque temps déjà, afin de procurer un peu de distraction aux infortunés Parisiens, on a jugé bon de donner des représentations théâtrales, non le soir (l'absence du gaz ne l'aurait pas permis), mais pendant le jour, de une heure à cinq heures après midi. Ces représentations sont affichées au profit des blessés. On récite beaucoup de pièces de vers de circonstance. On lit des morceaux des *Châtiments* de Victor Hugo. Trois de ces *journées* (deux au théâtre de la Porte-Saint-Martin et une à l'Opéra), organisées par la Société des gens de lettres, ont produit ensemble 16,795 fr., ce qui est encore un chiffre respectable.

A la Comédie-Française, les artistes jouèrent d'abord quelques actes de leur répertoire en habits de ville ; puis ils reprirent leurs costumes de théâtre. Ce qui forme contraste, c'est que les foyers ont été transformés en ambulance. Gros-René, avec son manteau bariolé, ou Basile avec sa soutanelle et son chapeau d'organiste espagnol, rencontrent dans les couloirs les sœurs de Saint-Vincent-de-Paul, qui portent des potions aux blessés. Les actrices quittent le tablier de l'infirmière pour vêtir la robe enrubannée de Célimène ou le pimpant justaucorps des soubrettes. Les avant-scènes sont réservées aux convalescents; on voit dans la loge jadis impériale quelques pâles visages qui gardent la trace des souffrances récemment endurées.

Hier, on a célébré, à la Comédie-Française, le 249e anniversaire de la naissance de Molière, en jouant *le Dépit amoureux* et *Amphitryon*. Entre les deux pièces, on a couronné, suivant l'usage, le buste du poëte, et M. Coquelin a dit des stances dont l'auteur est M. Edmond Gondinet. Je transcris trois ou quatre strophes :

En quel temps serions-nous plus jaloux de nos gloires?
Il semble que jamais ton nom n'avait jeté
Tant d'éclat, ô poëte! — Et leurs sombres victoires
Nous font plus grande encor ton immortalité.

Mais ce n'est plus Paris souriant et sceptique
Qui va fêter Agnès, Alceste ou Scapin. — Non,
C'est Paris prisonnier, meurtri, blessé, stoïque,
Qui fête le génie au bruit de leur canon.

Ils brûlent nos palais; ils campent à Versailles,
Ce Versailles, Molière, où tout parle de toi,
Plein de notre passé, vivant de nos batailles. —
Ils croient que nos splendeurs peuvent grandir leur roi

Bénissons nos revers. — Que l'Europe assombrie
S'agenouille à loisir sous le droit du plus fort.
Nous avons retrouvé l'amour de la patrie,
Le mépris du succès et l'orgueil de la mort !

Vous vous rappelez, dans *le Dépit amoureux*, la scène où Gros-René restitue à Marinette les divers présents qu'il tient d'elle, et, entre autres, un morceau de fromage, qu'il jette au loin.

L'assistance, à cet endroit, protesta gaiement. Jeter du fromage, ô ciel ! il y a si longtemps que nous n'en avons vu ni surtout goûté !

Comme pour nous punir de ces amusements, le bombardement a été, la nuit, d'une extrême violence.

Des obus sont tombés jusque sur le quai de Béthune, dans l'île Saint-Louis. Le pont Notre-Dame a été touché.

Nos grosses pièces de marine, établies au rempart du côté de Vaugirard et d'Issy, ripostent vigoureusement. Leurs détonations, peu éloignées de nous, forment comme un roulement de tonnerre ininterrompu. Elles empêchent de distinguer les sifflements et les explosions des obus pendant la nuit. On aime mieux entendre ce tintamarre que le bruit isolé et intermittent des projectiles ennemis.

LETTRE LXV

Mardi, 17 janvier, 122e jour du siége.

Le *Journal officiel* donne ce matin les indications suivantes sur les effets du bombardement pendant les nuits du 13 au 16 janvier :

35 personnes ont été frappées pendant cet espace de temps : Enfants tués, 2 ; blessés, 2. Femmes tuées, 1 ; blessées, 7. Hommes tués, 6 ; blessés, 15. Total, depuis le 5 courant : 222 victimes.

500 obus seraient tombés sur l'intérieur de Paris dans la nuit du 13 au 14 ; 500 dans la nuit du 14 au 15 ; 300 dans celle du 15 au 16.

Hier soir, un obus est tombé sur le presbytère de l'église Saint-Germain des Prés. Il a éclaté dans la chambre de M. l'abbé Moigno, le savant rédacteur du *Cosmos*, l'ami d'Arago et de Humboldt. « Vers neuf heures un quart, écrit M. l'abbé Moigno, j'étais debout à la porte de la petite chambre où, dans Saint-Germain des Prés, je me tiens prêt à l'appel des mourants, lorsqu'une effroyable détonation s'est fai entendre. Tout à l'intérieur et à l'extérieur de mon humble lieu de repos a été renversé et saccagé : un obus énorme s'était abattu sur ces murs de plâtre et de bois. Je tenais à la main un petit morceau de bougie allumée sans chandelier ; la bougie a été éteinte par un vent assez violent ; mais, quoique je fusse à moins de 20 centimètres du centre de décombres vraiment effroyables, je n'ai éprouvé aucune émotion... Toutes les murailles sont effondrées, toutes les vitres sont brisées, deux grandes bibliothèques sont pulvérisées, une collection de cinq cents volumes reliés de la Bibliothèque universelle de Genève est affreusement lacérée ; et tout cela autour de moi, sur un espace de 3 mètres carrés ! »

Plus d'un épisode douloureux serait encore à vous signaler.

Sur la place du Panthéon, des brancardiers auraient été blessés au moment où ils ramassaient un individu qui venait d'être frappé.

A Vaugirard, dans la rue de Sèvres, un omnibus a été atteint, un voyageur de l'impériale tué et plusieurs personnes blessées.

A l'angle de la rue du Bac et de la rue de Sèvres, un fiacre a été atteint par les éclats d'un projectile. Le cheval avait été blessé à la jambe, néanmoins le cocher voulut retourner au delà des ponts. Mais la bête, qui souffrait horriblement, s'affaissa sur elle-même et expira. Aussitôt, de toutes parts accoururent des hommes, des femmes, des enfants, qui dépecèrent la rosse, morceaux par morceaux, afin de garnir leur pot-au-feu, au grand désespoir du cocher, qui revendiquait, mais en vain, ses droits de propriété. Il finit par tâcher d'en arracher, lui aussi, un lopin. C'est à peu près l'histoire du chien de la Fontaine, lequel,

> Se voyant trop faible contre tous,
> Et que la chair courait un danger manifeste,
> Voulut avoir sa part... . . . .

Les chevaux qui tombent à présent sur le pavé ne causent point d'embarras à l'édilité. Le métier d'équarrisseur est devenu une sinécure.

LETTRE LXVI

Mercredi, 18 janvier, 122e jour du siége.

On va livrer une grande bataille hors Paris. Je viens de voir défiler les compagnies de notre arrondissement, dirigées vers le bois de Boulogne. Les gardes nationaux des compagnies de guerre avaient l'air martial et résolu.

Les gardes nationaux ont conservé toute leur ardeur, toute leur confiance. Je crains qu'il n'en soit pas de même des troupes régulières. D'après ce que je vois et d'après ce que j'entends dire, celles-ci sont en grande partie découragées. Déjà, dans la sortie du 21 décembre, plus d'un corps avait donné des marques de ce découragement, ainsi que le prouve un des épisodes de cette journée, qui m'est attesté *de visu* : On attaquait le Bourget ; il s'agissait de s'emparer d'un mur crénelé, énergiquement défendu. L'amiral qui commandait l'attaque lance contre ce mur une compagnie de marins qui, la hache et le revolver à la main, taillent l'ennemi en pièces ; mais il faut soutenir ces braves et occuper la position conquise par eux. Ordre d'avancer est donné à huit compagnies de gardes mobiles. Les gardes mobiles ne bougent. On réitère l'ordre. Nouveau refus. Les officiers supérieurs supplient, menacent en vain. Les marins sont obligés de battre en retraite et la muraille est reprise par l'ennemi.

Depuis cette époque, la démoralisation a fait de terribles progrès. On assure que, dans les dernières opérations qu'on a entreprises, des régiments sous les armes ont crié : *La paix ! la paix !* et menacé de tirer sur leurs officiers s'ils voulaient les forcer à combattre.

Quelle est l'étendue du mal? Il ne m'est pas possible de la mesurer. Ce que je puis dire, c'est qu'ayant eu plusieurs fois l'occasion de causer avec des sous-officiers ou des soldats, je les ai entendus s'exprimer nettement sur l'impossibilité où ils croient que nous sommes de triompher des Prussiens. J'en ai entendu qui émettaient hautement cette opinion dans les lieux publics, dans les omnibus, et qui excitaient ainsi la vive indignation de leurs auditeurs. J'avoue que j'ai senti parfois l'espoir m'abandonner en écoutant ces tristes déclarations des soldats.

Les gardes nationaux, au contraire, ont généralement conservé tout leur zèle. Le bombardement les a animés plutôt qu'abattus. Ils ont même gardé toute la fraîcheur de leurs premières illusions. Ils ne doutent pas que les Prussiens ne disparaissent devant eux comme le sable chassé par le vent. Il existe donc, entre les deux forces qui vont concourir à l'action, un écart considérable. L'une entraînera-t-elle l'autre? L'unanimité s'effectuera-t-elle sur le terrain de la lutte? Telles sont les questions qu'on se pose à cette heure décisive, à ce moment qu'on peut dire suprême, car il est clair que c'est notre va-tout que nous allons jouer.

La différence qui existe entre ces deux éléments de la défense peut, à vrai dire, s'expliquer jusqu'à un certain point. Elle tient, sans doute, à ce que le fardeau du siége n'a pas pesé d'un poids égal sur l'un et sur l'autre. Le service qu'on a exigé de la garde nationale n'est pas comparable à celui qu'ont fait les troupes régulières. Jusqu'ici, elle a seulement entrevu l'ennemi ; les bataillons de guerre eux-mêmes n'ont guère fait que des villégiatures aux avant-postes, par un temps rigoureux.

Quelques plaintes se sont élevées dans l'armée au sujet des ménagements et des faveurs dont la garde nationale est l'objet. Une lettre d'un engagé volontaire dans un régiment de ligne traduit ces sentiments avec une certaine vivacité. En voici un extrait :

« Je suis troupier depuis le 6 septembre. Vivant au milieu des troupes, j'ai pu admirer leur constance, leur résignation, et aussi constater leurs besoins.

« Les *lignards*, qui défendent Paris, sont pour la plupart de la province, manquant, au milieu des souffrances et des privations, de nouvelles de leurs parents, de tout argent, de toute consolation et de tout encouragement.

« Ce sont ces troupes de ligne, modestes, peu bruyantes dans leur sincère patriotisme, qui supportent à Paris (avec la garde mobile de province) toutes les rigueurs du siége.

« Ce sont elles qui, au 30 novembre, au 2 décembre, au 21 décembre, à Bry-sur-Marne, à Champigny, à Villiers et à la Maison-Blanche, ont eu à affronter les plus grands périls et se sont vu décimer.

« Et cependant, j'ose le dire, le gouvernement de la défense nationale ne fait pas pour ces troupes ce qu'il devrait faire, ou il fait trop pour d'autres qui ne l'ont pas encore mérité.

« Les troupes ne sont pas garanties contre le froid. Pas un troupier n'a reçu du gouvernement soit un tricot, soit une chemise de flanelle, soit une paire de gants, soit un cache-nez, soit un capuchon pour les capotes.

« Le troupier est trop pauvre pour se procurer ces objets lui-même.

« Si le gouvernement fait peu pour les troupes, il fait trop pour la garde nationale mobilisée ; c'est ainsi que raisonne le *lignard*, et son raisonnement est juste; car la garde nationale mobilisée trouve dans ses parents et ses amis aide et protection ; et le gouvernement la pourvoit de tout avec une sollicitude toute paternelle que je ne blâmerais pas si cette garde partageait les périls et les souffrances de la troupe.

« Tout cela m'afflige, en bon Français que je crois être... Mais ce qui m'afflige le plus, c'est que l'on fait beaucoup trop de bruit autour de l'héroïsme trop facile de la garde nationale mobilisée.

« Ce qui m'afflige, c'est que, par une contradiction qui renverse toutes mes idées de justice, les uns retirent gloire et peut-être profit, sans trop de périls et de fatigues, alors que les autres ne reçoivent pas l'éloge et la protection dus à des sacrifices quotidiens, rudes et sanglants. »

Il y a de l'amertume dans cette lettre. Peut-être, en effet, le Gouvernement n'a-t-il pas tenu la balance assez égale entre les uns et les autres, tant sous le rapport des périls auxquels ils ont été exposés que sous le rapport des distributions qui leur sont faites et des soins qui leur sont donnés.

Quand les troupiers voient nos Parisiens mobilisés, emmitouflés jusqu'aux yeux, chaussés et gantés de fourrures, portant vêtements sur vêtements, suivis de charrettes chargées de couvertures, de peaux de mouton et de tout un attirail de campement, venir occuper pour quelques jours les endroits les plus abrités et les moins périlleux des avant-postes, ils ne sont pas pénétrés d'admiration pour ce que leurs nouveaux frères d'armes accomplissent.

Les gardes nationaux, de leur côté, trouvent que les soldats et les mobiles, avec leurs capotes usées et salies, avec leurs barbes incultes et leurs traits amaigris et fatigués, n'ont pas fière mine et manquent d'enthousiasme et d'entrain.

« Il leur est facile d'en avoir, disent les autres. Nous avons eu le temps de dépenser le nôtre. »

Cette inégalité, ces faveurs, ces ménagements tiennent à la nature même de l'institution de la garde nationale ; et tant que le principe de cette institution ne sera pas changé, il sera bien difficile d'en agir autrement avec elle.

Quoi qu'il en soit, on voit, par les regrettables sentiments, qui se développaient dans l'armée, qu'il était temps (s'il n'est pas bien tard) que la garde nationale mobilisée fût appelée à combattre à côté de l'armée régulière.

Mais est-elle assez instruite? On a pu donner à la garde mobile une certaine instruction; celle qu'on a donné à la garde nationale mobilisée, ou plutôt qu'elle s'est donnée elle-même sur nos places publiques, est-elle assez solide? Ils n'ont guère appris qu'à marcher au pas. Leur organisation est-elle assez forte pour qu'on puisse entreprendre avec eux des opérations de quelque étendue et de quelque durée? Ont-ils l'esprit assez docile et patient, assez militaire, en un mot, pour qu'il soit possible de compter sur eux? Une pièce qui fait défaut, sur le grand échiquier des batailles, cause souvent la perte de la partie. Ils auront à soutenir de longues et terribles luttes, s'ils sortent de Paris; ils auront à exécuter des marches et des manœuvres difficiles au milieu des ennemis et sans trouver longtemps où s'appuyer. Ils sont capables, assurément, d'un engagement vigoureux, d'une attaque impétueuse. Avec eux, le premier jour de bataille ne m'inquiète pas; mais le deuxième, mais le troisième, mais les jours suivants, en rase campagne, en plein hiver, lorsque je cherche à en prévoir les éventualités, déconcertent mes calculs, je l'avoue, et effrayent mes présages.

LETTRE LXVII

Jeudi, 19 janvier, 124e jour du siége.

On se bat au delà du Mont-Valérien.

Le gouvernement de la défense nationale adresse la proclamation suivante aux habitants de Paris :

« CITOYENS,

« L'ennemi tue nos femmes et nos enfants ; il nous bombarde jour et nuit ; il couvre d'obus nos hôpitaux. Un cri : Aux armes ! est sorti de toutes les poitrines.

« Ceux d'entre nous qui peuvent donner leur vie sur le champ de bataille marcheront à l'ennemi ; ceux qui restent, jaloux de se montrer dignes de l'héroïsme de leurs frères, accepteront au besoin les plus durs sacrifices comme un autre moyen de se dévouer pour la patrie.

« Souffrir et mourir, s'il le faut ; mais vaincre.

« Vive la République !

« *Les membres du gouvernement* :

« JULES FAVRE, EMMANUEL ARAGO, JULES FERRY, GARNIER-PAGÈS, E. PELLETAN, ERNEST PICARD, JULES SIMON.

« *Les ministres* :

Général LE FLÔ, DORIAN, J. MAGNIN.

« *Les secrétaires du gouvernement* :

« A. LAVERTUJON, F. HÉROLD, A. DRÉO, DURIER. »

Le bruit du combat ne parvient pas jusqu'à nous. Le bombardement s'est momentanément arrêté ; les Prussiens sont occupés ailleurs.

LETTRE LXVIII

Jeudi, 19 janvier, 124ᵉ jour du siége.

La question des subsistances reparaît à l'ordre du jour avec une gravité croissante.

Depuis le commencement du mois, le pain a cessé d'être bis, malgré la promesse qu'on nous avait faite en décembre : il est devenu à peu près noir. De ce jour, il va être rationné à trois cents grammes par personne. Ce n'est guère, lorsqu'on n'a presque plus d'autre aliment. Mais ce pain est si compact, si peu appétissant, si mélangé de paille, que la portion suffira : il est peu d'estomacs capables d'en digérer davantage.

Voici l'arrêté du maire de Paris qui règle le mode du rationnement :

« Le membre du gouvernement délégué à la mairie de Paris,

« Considérant qu'il est indispensable de régulariser la distribution du pain dans l'intérêt de la défense nationale ;

« Après avoir pris l'avis de l'assemblée des maires, qui ont reconnu à l'unanimité la nécessité du rationnement,

« ARRÊTE :

« ART. 1er. — A partir du jeudi 19 janvier, les boulangers ne distribueront du pain qu'aux porteurs d'une carte d'alimentation de boucherie ou de boulangerie, et dans la mesure indiquée par l'article suivant.

« ART. 2. — La ration de pain est fixée à 300 grammes pour les adultes et à 150 grammes pour les enfants au-dessous de cinq ans.

« ART. 3. — Le prix de la ration de 300 grammes

sera de 10 centimes; celui de la ration de 150 grammes sera de 5 centimes.

. . . .

« Art. 6. — La clientèle de chaque boulanger sera déterminée par un tableau officiel. Une affiche, apposée dans chaque quartier, indiquera la répartition des habitants par maisons entre les diverses boulangeries du quartier. Du jour de l'apposition des affiches, les habitants ne pourront se fournir à d'autres boulangeries qu'à celles qui leur sont assignées par le tableau.

« Art. 7. — Les boulangeries ouvriront à sept heures du matin. Il y aura dans chaque boulangerie deux gardes nationaux et deux délégués de la mairie de l'arrondissement.

« Art. 8. — Un des délégués détachera le coupon de la carte de boulangerie; si la carte ne porte pas de coupon, elle sera timbrée ou poinçonnée ; l'adresse et les noms inscrits sur la carte seront copiés sur une feuille spéciale, et un timbre sera apposé à la suite de chaque nom sur une colonne correspondant au jour de la livraison.

« Art. 9. — Il sera ouvert dans chaque quartier des bureaux destinés à recevoir les réclamations auxquelles le service de la distribution du pain pourra donner lieu.

« Ces bureaux seront composés de cinq membres au

moins, délégués par la mairie de l'arrondissement. Ils délivreront des cartes de boulangerie aux personnes qui n'en seraient pas munies. Une affiche, apposée par les soins des maires, indiquera le lieu des bureaux de réclamations.

« Art. 10. — Les compagnies de garde nationale de service aux remparts et les bataillons de guerre casernés dans Paris auront le choix de prendre leurs rations dans les boulangeries spéciales désignées à l'avance par les maires d'arrondissement.

« Art. 11. — Les délégués des maires chargés d'assister à la distribution du pain feront chaque jour, au plus tard avant quatre heures, un rapport à la mairie centrale sur la quantité de pain délivrée, le montant des farines reçues et à recevoir, et sur l'excédant ou le déficit qui se sera produit.

« Art. 12. — Le colportage du pain à domicile est absolument interdit.

« Art. 13. — Toute fraude dans les déclarations, tout usage de carte d'alimentation de boucherie ou de boulangerie obtenues à l'aide de déclarations frauduleuses sont passibles des peines édictées par les articles 160 et 161 du Code pénal.

« Paris, le 19 janvier 1871,

« Jules Ferry. »

On regrette généralement que cette mesure n'ait pas été prise plus tôt. On prétend que beaucoup de pain a été donné aux chevaux : « Les chevaux ont longtemps mangé notre blé, disent les ouvriers, nous mangeons maintenant leur avoine. » Il est évident que le gouvernement n'a pas compté, non plus qu'aucun de nous, sur un blocus aussi prolongé, et qu'il s'est cru assuré d'un approvisionnement plus que suffisant.

Le rationnement offre les inconvénients les plus graves dans une population aussi nombreuse que celle de Paris. Partout où l'on appelle le public, c'est en foule qu'il vient, et l'attente la plus pénible, la plus rebutante, est imposée à chacun. Ce n'est nullement d'en être réduit à la portion congrue, qui est dur, ce n'est pas la répartition qui est intolérable, c'est le mode de la répartition, c'est la difficulté d'obtenir la portion à laquelle on a droit. Les *queues du siége*, ces longues files d'hommes, de femmes et d'enfants, demeurant pendant des heures au froid et à la pluie, aussi exposées que les mobiles dans les tranchées, et recevant plus d'une atteinte mortelle à ces « avancées de la faim, » les queues du siége devront toujours donner fort à réfléchir à quiconque est sollicité d'imposer le rationnement à une telle population, et je conçois qu'on ne s'y résolve qu'à la dernière extrémité.

Et de plus, l'efficacité de cette mesure n'est pas démontrée, tant les fraudes sont inévitables! La portion assignée à chacun étant ou devant être une moyenne, les habitants qui, si le rationnement n'existait pas, resteraient au-dessous de cette moyenne, prennent le tout, lors même qu'ils n'en ont pas besoin; et ceux pour qui cette portion est insuffisante, trouvent toujours moyen de se procurer le supplément qui leur est nécessaire. La nécessité les rend industrieux.

Le rationnement ne réduit la consommation que lorsqu'il tient tout le monde au-dessous de la quotité indispensable. C'est donc, appliquée au pain, une mesure de la dernière heure.

Vous voyez où nous en sommes pour le pain. En ce qui concerne la viande, la situation n'est pas moins tendue. Les boucheries municipales distribuent à chacun 200 grammes de cheval, os compris, pour six jours. C'est tout justement de quoi faire un repas de viande dans cet espace de temps. Encore, si vous n'êtes pas privilégié pour une cause ou pour une autre, n'avez-vous jamais que les bas morceaux, qui, chez le cheval, ne sont pas mangeables. Le filet et le faux filet se dérobent absolument aux appétits du vulgaire.

Je vous disais, il y a huit jours, que l'on mange pour vivre... Le problème devient difficile à résoudre.

. . . .

LETTRE LXIX

Vendredi, 20 janvier, 125e jour du siége.

Hier matin, cent mille hommes, divisés en trois corps d'armée, ont attaqué l'ennemi. L'aile gauche, placée sous les ordres du général Vinoy, s'empara de Montretout. Le centre, commandé par le général de Bellemare, s'empara de la ferme de la Fouilleuse et du château de Buzenval. L'aile droite, sous les ordres du général Ducrot, retardée dans sa marche, n'est entrée en ligne que vers dix heures du matin ; elle a abordé alors la gorge de Long-Boyau et les pentes de la Jonchère. Tout alla bien d'abord. La ligne des crêtes, de la Celle-Saint-Cloud à Montretout, était à nous vers cinq heures du soir. Mais il fallait s'y maintenir. C'était, comme toujours, le point difficile.

Hier soir, une dépêche datée du Mont-Valérien, 10 h. 50 minutes du matin, nous inspira quelque inquiétude :

« *Gouverneur au ministre de la guerre et au général Schmitz.*

« Un épais brouillard me dérobe absolument les phases de la bataille. Les officiers porteurs d'ordres ont de la peine à trouver les troupes. C'est très-regrettable et il me devient difficile de centraliser l'action comme je l'avais fait jusqu'ici. Nous combattons dans la nuit. »

On disait toutefois que les difficultés avaient été surmontées, et les plus confiants d'entre nous voyaient déjà nos troupes victorieuses descendre dans les fonds de Vaucresson, des Haras et de Rocquencourt et marcher droit sur Versailles.

Ce matin, la lecture du *Journal officiel* nous avertit de réfréner l'essor trop prompt de notre imagination.

Une dépêche, datée du 19 janvier, 9 heures 50 minutes du soir, s'exprime ainsi :

« Notre journée, heureusement commencée, n'a pas eu l'issue que nous pouvions espérer.

« L'ennemi que nous avions surpris le matin, par la soudaineté de l'entreprise, a, vers la fin du jour, fait converger sur nous des masses d'artillerie énormes avec ses réserves d'infanterie.

« Vers trois heures, la gauche très-vivement attaquée a fléchi. J'ai dû, après avoir partout ordonné de tenir ferme, me porter à cette gauche ; et, à l'entrée de la nuit, un retour offensif des nôtres a pu se prononcer. Mais, la nuit venue, et le feu de l'ennemi continuant avec une violence extrême, nos colonnes ont dû se retirer des hauteurs qu'elles avaient gravies le matin.

« Le meilleur esprit n'a cessé d'animer la garde nationale et la troupe, qui ont fait preuve de courage et d'énergie dans cette lutte longue et acharnée.

« Je ne puis savoir encore quelles sont nos pertes. Par les prisonniers, j'ai appris que celles de l'ennemi étaient fort considérables.

« GÉNÉRAL TROCHU. »

Une autre dépêche nous arrive dans la journée, et celle-là plus accablante encore. Elle est datée du 20 janvier, 9 heures 30 minutes du matin et conçue en ces termes :

« *Gouverneur à général Schmitz, au Louvre.*

« Le brouillard est épais. L'ennemi n'attaque pas. J'ai reporté en arrière la plupart des masses qui pouvaient être canonnées des hauteurs, quelques-unes dans leurs anciens cantonnements.

« Il faut, à présent, parlementer d'urgence à Sèvres pour un armistice de deux jours, qui permettra l'enlèvement des blessés et l'enterrement des morts. Il faudra pour cela du temps, des efforts, des voitures très-solidement attelées et beaucoup de brancardiers. Ne perdez pas de temps pour agir dans ce sens. »

Cette dépêche jette une vive alarme dans la population. Nos pertes sont donc considérables, et c'est une véritable défaite que nous avons subie !

LETTRE LXX

Samedi, 21 janvier, 121e jour du siége.

Les bataillons de la garde nationale mobilisée qui ont pris part à la bataille du 19 se sont comportés vaillamment. Ils se sont élancés avec beaucoup d'entrain sur l'ennemi, lorsqu'on les a jetés en avant. Ils ont reçu avec fermeté et sans défaillance les décharges de la mousqueterie, lorsqu'ils y ont été exposés.

Aussi ont-ils éprouvé des pertes sensibles : le colonel de Rochebrune, commandant du 19e régiment, a été tué. Le jeune peintre Henri Regnault, auteur d'une *Salomé* sur fond d'or très-remarquée au dernier salon, a été tué ; c'était le fils du membre de l'Académie des sciences ; il avait vingt-sept ans ! Gustave Lambert, connu par l'expédition scientifique qu'il projetait de faire au pôle Nord, et par la souscription publique ouverte dans ce dessein, est blessé grièvement. Un artiste de la Comédie-Française, M. Seveste, est blessé.

Nous apprenons la mort du marquis de Coriolis, vieillard de soixante-sept ans, volontaire dans les compagnies de marche du 15e bataillon. C'était un ancien officier des campagnes d'Espagne, de Grèce et d'Alger, démissionnaire en 1830. Il a été frappé de deux balles à l'attaque du parc de Buzenval. On ne saurait trop honorer un tel exemple et une telle mort.

Le rapport militaire sur cette journée ne s'est pas fait attendre. Je vous le transmets :

« Les rapports des commandants de colonne sur la journée d'hier ne sont pas encore tous parvenus au Gouverneur ; il croit cependant devoir donner dès à présent un aperçu général des opérations qui se sont accomplies le 19 janvier.

« L'armée était partagée en trois colonnes principales, composées de troupes de ligne, de garde mobile et de garde nationale mobilisée incorporée dans les brigades.

« Celle de gauche, sous les ordres du général Vinoy, devait enlever la redoute de Montretout, les maisons de Béarn, Pozzo di Borgo, Armengaud et Zimmermann.

« Celle du centre, général de Bellemare, avait pour objectif la partie est du plateau de la Bergerie.

« Celle de droite, commandée par le général Ducrot, devait opérer sur la partie ouest du parc de Buzenval, en même temps qu'elle devait attaquer Long-Boyau, pour se porter sur le haras Lupin.

« Toutes les voies de communication ayant accès dans la presqu'île de Gennevilliers, y compris les chemins de fer, ont été employées pour la concentration de ces forces considérables ; et, comme l'attaque devait avoir lieu dès le matin, la droite, qui avait un chemin extrêmement long (12 kilomètres) à parcourir au milieu de la nuit, sur une voie ferrée qui se trouva obstruée, et sur une route qu'occupait une colonne d'artillerie égarée, ne put parvenir à son point de réunion qu'après l'attaque commencée à gauche et au centre.

« Dès onze heures du matin, la redoute de Montretout et les maisons indiquées précédemment avaient été conquises sur l'ennemi, qui laissa entre nos mains 60 prisonniers.

« Le général de Bellemare était parvenu sur la crête de la Bergerie, après s'être emparé de la maison dite du Curé ; mais, en attendant que sa droite fût appuyée, il dut employer une partie de sa réserve pour se maintenir sur les positions dont il s'était emparé.

« Pendant ce temps, la colonne du général Ducrot entrait en ligne. Sa droite, établie à Rueil, fut canonnée de l'autre côté de la Seine par des batteries formidables, contre-battues par l'artillerie qu'elle avait à sa disposition et par le Mont-Valérien.

« L'action s'engagea vivement sur la porte de Long-Boyau, où elle rencontra une résistance acharnée, en arrière de murs et de maisons crénelés qui bordent le parc. Plusieurs fois de suite, le général Ducrot ramena à l'attaque les troupes de ligne et la garde nationale, sans pouvoir gagner du terrain de ce côté.

« Vers quatre heures, un retour offensif de l'ennemi entre le centre et la gauche de nos positions, exécuté avec une violence extrême, fit reculer nos troupes, qui, cependant, se reportèrent en avant vers la fin de la journée. La crête fut encore une fois reconquise, mais la nuit arrivait, et l'impossibilité d'amener de l'artillerie, pour constituer un établissement solide, sur des terrains déformés, arrêta nos efforts.

« Dans cette situation, il devenait dangereux d'attendre, sur ces positions si chèrement acquises, une attaque de l'ennemi, qui, des forces étant appelées de toutes parts, ne devait pas manquer de se produire dès le lendemain matin. Les troupes étaient harassées par douze heures de combat et par les marches des nuits précédentes employées à dérober les mouvements de concentration ; on se retira alors en arrière, dans les tranchées, entre les maisons Crochard et le Mont-Valérien.

« Nos pertes sont sérieuses ; mais, d'après le récit des prisonniers prussiens, l'ennemi en a subi de considérables. Il ne pouvait en être autrement après une lutte acharnée qui, commencée au point du jour, n'était pas encore terminée à la nuit close.

« C'est la première fois que l'on a pu voir, réunis sur un même champ de bataille, en rase campagne, des groupes de citoyens unis à des troupes de ligne, marchant contre un ennemi retranché dans des positions aussi difficiles à emporter ; la garde nationale de Paris partage avec l'armée l'honneur de les avoir abordées avec courage, au prix de sacrifices dont le pays leur sera profondément reconnaissant.

« Si la bataille du 19 janvier n'a pas donné les résultats qu'on en pouvait attendre, elle est l'un des événements les plus considérables du siége, l'un de ceux qui témoignent le plus hautement de la virilité des défenseurs de la capitale. »

A l'attaque du château et du parc de Buzenval, nos soldats et nos gardes nationaux marchèrent contre des murs crénelés, d'où partaient sans interruption les décharges des Prussiens. Le parc de Buzenval a été le théâtre d'une lutte acharnée dont on parlera longtemps dans les veillées de Paris.

L'attaque de droite contre la Jonchère fut plus difficile encore. Pendant que le centre s'emparait de Buzenval, l'aile droite, arrivée en retard, au lieu d'aborder de front les pentes de la Jonchère, s'engagea dans l'espèce de gorge qui, par derrière la Malmaison, aboutit à la porte que les cartes de l'état-major désignent sous le nom de « porte de Long-Boyau. » Cette petite gorge, étroite, boisée, était fermée par une sorte de barricade; le chemin creux était comme le lit d'un torrent de boue. Prévenus de l'attaque, les Prussiens s'étaient massés en grand nombre vers le haut de la gorge et derrière des positions bien choisies; ils attendaient nos soldats. Dans les gorges mêmes de Long-Boyau et sur le revers le plus oriental du bois de la Jonchère, la lutte fut terrible; il fallait à tout prix passer par le Long-Boyau pour soutenir le centre, qui s'était emparé de Buzenval. Les chefs, qui voyaient l'inefficacité des efforts, ne pouvaient prendre la responsabilité de les suspendre, car ces efforts étaient nécessaires. Eussent-ils été aussi malheureux si, au lieu d'entrer à Rueil vers dix heures, la colonne commandée par le général Ducrot y était arrivée dès sept heures du matin, et avait au petit jour commencé son attaque contre le Long-Boyau?

Si l'attaque par l'aile droite eût réussi, les résultats de la journée eussent été, sans nul doute, bien différents. Des trois points, objets de l'attaque, deux seulement avaient été emportés. Le troisième restant à l'ennemi, ni Buzenval, ni Montretout ne pouvaient être conservés par nous.

C'est donc moins aux « masses d'artillerie énormes et aux réserves d'infanterie de l'ennemi, » dont il est parlé dans la dépêche du 19 janvier au soir, qu'au retard de l'aile droite, qu'il faut attribuer l'échec que nous avons subi. Quelle a été la cause de ce retard ? Quel général ou quel officier en est responsable ? On allègue les cadres improvisés qui ne donnent pas aux manœuvres la sûreté et aux mouvements la précision qui serait nécessaire pour assurer le gain d'une bataille.

Je vous ai dit que l'ardeur n'est plus la même dans l'armée régulière que dans la garde nationale. Il ne paraît pas, cependant, qu'il y ait eu, sur le champ de bataille, moins d'élan d'un côté que de l'autre. Mais peut-être le découragement auquel cèdent beaucoup de nos officiers et de nos soldats a-t-il contribué à faire manquer le rassemblement du matin, et a-t-il eu par là même une influence décisive sur les résultats de la journée.

LETTRE LXXI

Samedi, 21 janvier, 126e jour du siége.

Les bataillons de marche de nos quartiers sont rentrés cet après-midi. Quoiqu'ils n'aient pas été des plus vivement engagés, ils reviennent fort échauffés de la bataille. Ils ne tarissent pas sur leurs aventures. Tous ces récits tourbillonnent dans ma mémoire ; je note ici un seul trait :

L'un d'eux me raconte qu'à l'attaque de Montretout il s'est abrité, pour tirer sur l'ennemi, derrière un monceau de cadavres prussiens. A chaque coup de fusil qu'il tirait, il se faisait un mouvement dans le tas, car tous n'étaient pas morts. Un mourant, un Allemand robuste, âgé de quarante à quarante-cinq ans, ayant une physionomie intelligente et distinguée, gisait sur le dos dans la boue où il s'enfonçait par le poids du corps : sa tête chauve y était à moitié enterrée. Une balle lui avait brisé la colonne vertébrale. Il attendait la mort, incapable de remuer, mais avec toute l'intelligence de son atroce situation. D'une main, il touchait une bague-alliance qu'il avait au doigt de l'autre main. Le garde national dit à un ambulancier de lui donner un peu de vin. L'Allemand but ; puis, faisant un effort, il porta la main à sa poche et en tira une poignée de cigares qu'il offrit au Français, en disant : « Prenez, pour vous et vos camarades. »

Nos gardes mobilisés reviennent aussi, je dois le dire, furieusement animés contre le commandement supérieur et contre l'état-major. Ils se livrent aux récriminations les plus violentes et les plus amères. Ils prétendent que le gouvernement a prémédité leur défaite ; qu'il a compté que la garde nationale battue demanderait la capitulation ; en quoi, ajoutent-ils, il a compté sans son hôte.

Qu'on n'ait pas *voulu* vaincre, c'est beaucoup dire ; mais qu'on n'ait pas cru à la victoire, il y a quelque vraisemblance. Était-ce bien la peine de mettre en mouvement cent mille hommes, pour ne pas obtenir, malgré le brouillard, de plus sérieux résultats? Puisque la garde nationale était appelée à combattre, on eût pu, avec les milliers d'hommes dont on disposait, faire de puissantes diversions à l'attaque principale. Je sais pertinemment, au contraire, que sur toute la ligne d'Issy à Ivry, ordre fut donné, le 19 à six heures du matin, de ne pas tirer un coup de fusil.

Tout indique qu'on n'avait aucune foi dans le succès. Cette bataille, qui est probablement la dernière, devait être pour notre honneur un vigoureux effort, un effort suprême, dans lequel tous nos moyens auraient été déployés. Elle a été, au contraire, livrée comme par acquit de conscience ; elle ne paraît avoir été qu'une satisfaction donnée à la garde nationale et à la population de Paris ; mais, d'après ce que j'entends de tout côté, il s'en faut de beaucoup que l'une et l'autre soient satisfaites.

LETTRE LXXII

Dimanche, 22 janvier, 127e jour du siége.

On lit ce matin dans le *Journal officiel:*

« Le gouvernement de la défense nationale a décidé que le commandement en chef de l'armée de Paris serait désormais séparé de la présidence du gouvernement.

« M. le général de division Vinoy est nommé commandant en chef de l'armée de Paris.

« Le titre et les fonctions de Gouverneur de Paris sont supprimés.

« M. le général Trochu conserve la présidence du gouvernement. »

En d'autres termes, le général Trochu ne se dérobe pas à la responsabilité qu'il a assumée ; mais il se retire de la scène où il joue le principal rôle depuis quatre mois.

Il est difficile que vous vous figuriez l'impopularité où est tombé ce général. Quand on se rappelle les acclamations qui l'accueillaient au mois de septembre dernier, et qu'on entend les injures qui le poursuivent aujourd'hui, le mot de Mirabeau devenu proverbe : « La roche Tarpéienne est près du Capitole, » vient naturellement à la pensée.

Il faut dire que le général Trochu a traversé une épreuve à laquelle un prestige, même mieux établi que le sien, aurait eu peine à résister. Il a été, pendant quatre mois, dans la ville troublée et désœuvrée, l'objet de la discussion populaire. Ce que nous savons mieux faire, nous autres Français, c'est la critique du gouvernement, et, depuis qu'il est investi, Paris n'a plus d'autre emploi de ses journées. Le gouverneur de Paris était en butte aux attaques incessantes des journaux révolutionnaires et des réunions publiques. Partout où il se formait un auditoire, sur les places ou dans les cafés, le général Trochu était sur la sellette. Il ne pouvait agir ou parler sans avoir un parterre de deux millions de spectateurs prompts à le juger, et à le juger d'autant plus sévèrement, d'autant plus souverainement, qu'ils étaient moins compétents pour le faire. Il ne pouvait sortir de là sa renommée sauve et entière, que si un succès éclatant le venait justifier.

De plus, le général donnait à ses adversaires une prise facile : ses croyances catholiques sont notoires. Or les haines religieuses ont à Paris une violence extrême : le peuple parisien est toujours le peuple fanatique de la Saint-Barthélemy, mais en sens inverse. A défaut de meilleures raisons, on avait là contre lui un arsenal inépuisable; et « Trochu le pieux, saint Trochu, » quoi qu'il pût faire, avait nécessairement tort.

Il faut voir comme il est traité dans les feuilles du parti radical ! J'ai relevé un jour dans un article de *la Patrie en danger* la série des épithètes qui lui étaient appliquées.

En voici quelques-unes :

— Général de Bonaparte.

— Trappiste.

— Prédicateur.

— Monck de la dynastie d'Orléans.

— Jésuite botté, qui connaît mieux son Liguori que Jomini.

— Sabre orthodoxe.

— Gendarme de l'ordre et estafier du Saint-Office.

— Crétin militaire.

— Héros de saint Ignace.

— César de bréviaire.

— Soudard hésitant.

— Il y a dans son crâne dénudé et plat, dans ses yeux bridés, sombres et hagards, comme un reflet des pâles successeurs de Philippe II, esclaves de l'alcôve et du confessionnal.

— Cagliostro clérical et militaire.

— Mangin généralissime et capitaine-pacha. »

J'en passe et des meilleures. Et notez que l'article dont j'extrais ces aménités a paru au mois de novembre, c'est-à-dire à une époque où la polémique gardait encore vis-à-vis du gouverneur de Paris une certaine mesure. C'était peu avant les journées du 28 novembre et du 2 décembre. On était dans l'attente de ce que le gouverneur de Paris allait faire. Ce même journal rédigé par M. Blanqui, à l'annonce des grandes opérations qui se préparaient, prenait ses précautions contre un succès possible et cherchait à diffamer d'avance ce succès. « Que Paris le comprenne bien ! s'écriait-il, le général Trochu ne se prépare pas le moins du monde à faire lever le siége. Il va tout bonnement emmener l'armée .. Les Parisiens s'arrangeront comme il leur plaira ! » Ses ennemis mêmes ne savaient trop alors ce que le général était capable d'accomplir. Ils étaient quelque peu retenus par ce doute. Depuis lors on a été bien plus loin dans l'insulte.

Je cherche à m'élever au-dessus des passions qui m'environnent et à juger ce personnage comme si je le trouvais dans l'histoire à la distance de deux ou trois siècles. Mais c'est malaisé. Nous n'apercevons pas distinctement ce qu'il a pu faire et ce qu'il n'a pu faire.

Je ne crois pas qu'il ait été à la hauteur d'une situation, il est vrai, sans exemple. Je ne crois pas qu'il ait tiré des prodigieuses ressources qu'il eut sous la main tout le parti possible. Il eût pu, certainement, employer plus efficacement le concours dévoué de la masse de la population ; il eut pu faire produire, à ce vaste ensemble de forces et de bonnes volontés, des effets plus grandioses et plus puissants.

Non-seulement le général Trochu n'a pas été l'homme supérieur, le génie exceptionnel que nous autres Français nous invoquons toujours, pour nous tirer des abîmes où nous nous sommes jetés tête baissée; mais il paraît n'avoir pas déployé même la vigueur qu'on doit attendre d'un chef militaire. Il n'a point tenu son armée en haleine; il y a laissé fléchir la discipline et s'éteindre la confiance et l'ardeur.

Il n'a rien fait de franchement heureux, de bien réussi, d'artistement exécuté ; il ne nous a pas donné une bonne journée qui ait satisfait, sans mélange, notre fierté patriotique.

La population parisienne lui ouvrit le plus large crédit que peuple ait jamais ouvert à un général, et il n'en usa point.

Il laisse le désarroi et presque le vertige dans les esprits.

Mais ce que je sais bien aussi, c'est que, s'il eût cédé la place aux hommes qui voulaient le renverser, nous n'en serions pas aujourd'hui au cent-vingt-septième jour du siége, et depuis longtemps les Prussiens seraient dans Paris.

La retraite du général Trochu est accueillie ironiquement. On prétend que le gouverneur de Paris ayant attesté solennellement dans sa proclamation du 6 janvier qu'il ne capitulerait point, il fallait bien que le gouverneur de Paris disparût, pour qu'on pût capituler. On voit là une certaine escobarderie qui ne plaît point.

Le général Vinoy, prenant possession du commandement en chef, adresse à l'armée l'ordre du jour suivant :

« Le gouvernement de la défense nationale vient de me placer à votre tête ; il fait appel à mon patriotisme et à mon dévouement ; je n'ai pas le droit de me soustraire. C'est une charge bien lourde, je n'en veux accepter que le péril, et il ne faut pas se faire d'illusions.

« Après un siége de plus de quatre mois, glorieusement soutenu par l'armée et par la garde nationale, virilement supporté par la population de Paris, nous voici arrivés au moment critique.

« Refuser le dangereux honneur du commandement dans une semblable circonstance, serait ne pas répondre à la confiance qu'on a mise en moi. Je suis soldat et ne sais pas reculer devant les dangers que peut entraîner cette grande responsabilité.

« A l'intérieur, le parti du désordre s'agite et cependant le canon gronde. Je veux être soldat jusqu'au bout, j'accepte ce danger, bien convaincu que le concours des bons citoyens, celui de l'armée et de la garde nationale ne me feront pas défaut pour le maintien de l'ordre et le salut commun.

« GÉNÉRAL VINOY. »

Le nouveau commandant en chef des armées de Paris ne s'abuse point et ne nous abuse point : il déchire le voile que nous nous obstinions à tirer sur nos yeux.

LETTRE LXXIII

Dimanche, 22 janvier, 127e jour du siége.

Une nouvelle tentative de guerre intestine est venue compliquer aujourd'hui la situation. La nuit dernière, une poignée d'émeutiers ont forcé les portes de la prison de Mazas et délivré plusieurs prisonniers politiques, entre autres M. Gustave Flourens. M. Flourens à leur tête, ils se portèrent ensuite à la mairie du XXe arrondissement dans le but d'y installer le quartier général de l'insurrection. Ces faits furent portés à la connaissance de la population de Paris par la proclamation suivante :

« *A la garde nationale :*

« Le commandant supérieur des gardes nationales de la Seine.

« Cette nuit, une poignée d'agitateurs a forcé la prison de Mazas et délivré plusieurs prévenus, parmi lesquels M. Flourens.

« Ces mêmes hommes ont tenté d'occuper la mairie du XXe arrondissement et d'y installer l'insurrection ; votre commandant en chef compte sur votre patriotisme pour réprimer cette coupable sédition.

« Il y va du salut de la cité.

« Tandis que l'ennemi la bombarde, les factieux s'unissent à lui pour anéantir la défense.

« Au nom du salut commun, au nom des lois, au nom du devoir sacré qui nous ordonne de nous unir tous pour défendre Paris, soyons prêts à en finir avec cette criminelle entreprise ; qu'au premier appel la garde nationale se lève tout entière, et les perturbateurs seront frappés d'impuissance.

« Le commandant supérieur des gardes nationales,

« CLÉMENT THOMAS.

« Approuvé :

« *Le ministre de l'intérieur par intérim,*

« JULES FAVRE.

« Paris, ce 22 janvier 1871. »

Le commandant du 2e secteur, général Callier, aussitôt qu'il fut informé de l'envahissement de la mairie du XXe arrondissement, envoya quelques compagnies de garde nationale pour rétablir l'ordre à Belleville. La mairie fut évacuée sans effusion de sang. M. Flourens s'était retiré en déclarant qu'on n'était pas en nombre et qu'on reviendrait.

Les insurgés avaient toutefois laissé des traces de leur passage. Ils s'étaient emparés de 2,000 rations de pain destinées à la population indigente de Belleville, et avaient vidé une barrique de vin réservée aux nécessiteux. Le général Callier en avisa le maire de Paris par une dépêche publiée à la suite de la précédente proclamation :

« Paris, 22 janvier, 11 h. 40 m. du matin.

« *Général Callier, commandant le 2e secteur, à maire de Paris.*

« Le passage de Flourens à la mairie du XXe arrondissement a coûté environ 2,000 rations de pain supprimées ou emportées. La commission municipale est dans le plus grand embarras ; elle compte sur vous pour obtenir le remplacement de ces 2,000 rations, soit par l'Hôtel de Ville, soit par une intendance quelconque. C'est un besoin d'ordre public et des plus urgents. »

Belleville, en effet, ne compte pas moins de 20,000 personnes assistées.

Malgré les menaces qui, la veille, avaient retenti dans les clubs, la matinée fut assez calme. On lisait l'affiche annonçant le remplacement du général Trochu à la tête de l'armée par le général Vinoy. C'était dimanche : une nombreuse population circulait dans les rues, sans plus de préoccupation que de coutume.

Vers midi, la place de l'Hôtel-de-Ville présentait un aspect particulier. Des groupes se formaient çà et là à l'entrée de la rue du Temple, vers les deux issues de la place qui débouchent rue de Rivoli et sur le quai. Les portes de l'Hôtel de Ville étaient ouvertes, et le poste commis à la garde du palais municipal ne paraissait pas plus nombreux qu'à l'ordinaire. Le commandant Vabre, nommé le 31 octobre, en remplacement de M. Chevriot, au commandement de l'Hôtel de Ville, avait pris les mesures nécessaires pour assurer contre toute attaque le palais dont la défense lui avait été confiée.

Vers une heure et demie, une colonne de gardes nationaux, composée de trois ou quatre cents hommes appartenant aux bataillons de Montmartre, déboucha sur la place; elle poussait des cris de : « Vive la Commune! » Quelques hourras l'accueillirent quand elle parut; elle se dirigea sur l'Hôtel de Ville. Les grilles se fermèrent. Cependant quelques hommes, se détachant de la colonne, s'approchèrent de l'officier qui commandait le poste et demandèrent que deux ou trois délégués fussent introduits. On accéda à leur demande; la colonne, moyennant cette concession, se retira vers l'extrémité de la place qui forme quai sur la Seine.

L'un des délégués fit un discours, demandant la déchéance du gouvernement et l'élection de la Commune. M. Gustave Chaudey, adjoint, répondit qu'il ne pouvait prendre aucune décision, mais seulement en référer au gouvernement. Quand les délégués revinrent avec cette réponse, ils furent mal accueillis de leurs hommes.

Une nouvelle bande envahit la place. Ceux-ci s'abouchèrent avec les hommes de la première colonne. On se communiqua les résultats de la première délégation, et on résolut d'en envoyer une seconde.

Cette seconde délégation parla plus haut que la première. Elle n'obtint pas toutefois d'autre réponse. Le colonel Vabre reconduisit les délégués jusqu'à la porte d'entrée avec toutes sortes d'égards.

Le jeune homme qui avait porté la parole, monta sur le piédestal de la colonne d'un réverbère, et, se retenant d'un bras, pendant que de l'autre il montrait la foule et l'Hôtel de Ville, il invitait l'une à attaquer l'autre.

En ce moment arriva le 101e bataillon de marche. Ce bataillon se disposa non en masse, mais par petits groupes répandus selon un certain ordre sur toute l'étendue de la place. Les hommes, ainsi disposés, mirent le genou en terre et firent feu sur trois ou quatre officiers de la garde mobile placés auprès de la porte de la mairie, à l'intérieur des grilles. Ces officiers ne sont pas atteints. Mais les coups de feu ont provoqué sur la place une affreuse panique. La foule, les femmes, les enfants, fuient dans toutes les directions, se bousculent les uns les autres, tombent par terre, et se relèvent, pour reprendre leur course plus rapidement. Toutes les rues qui débouchent sur la place sont en un instant pleines de monde.

Jusque-là les mobiles auxquels était confiée la garde de l'Hôtel n'avaient pas fait feu. Le colonel Vabre, qui était devant l'autre porte, celle du gouvernement, interpelle avec indignation les gardes nationaux qui ont fait feu. Un commandant révoqué, nommé Sapia, donne le signal d'une nouvelle fusillade. Une centaine de coups sont tirés tant sur le colonel que sur les officiers de la garde mobile. Un adjudant-major est grièvement blessé. Alors seulement les gardes mobiles font feu à leur tour.

La place se vide instantanément; mais la fusillade recommence des encoignures des rues, des angles du quai. Elle part surtout de deux maisons voisines du bâtiment de l'Assistance publique. Au bout de quelques instants, l'arrivée des gardes républicains met en fuite les émeutiers.

Le combat avait duré une vingtaine de minutes. Cinq morts et dix-huit blessés gisaient sur le sol.

L'ex-commandant Sapia était du nombre des morts.

Les troupes affluèrent de toutes parts, occupèrent tous les abords et mirent l'Hôtel de Ville à l'abri d'un nouveau coup de main.

LETTRE LXXIV

Lundi, 23 janvier, 128e jour du siége.

Hier soir, on a affiché une proclamation du gouvernement :

RÉPUBLIQUE FRANÇAISE

Gouvernement de la défense nationale.

« CITOYENS,

« Un crime odieux vient d'être commis contre la patrie et contre la République.

« Il est l'œuvre d'un petit nombre d'hommes qui servent la cause de l'étranger.

« Pendant que l'ennemi nous bombarde, ils ont fait couler le sang de la garde nationale et de l'armée, sur lesquelles ils ont tiré.

« Que ce sang retombe sur ceux qui le répandent pour satisfaire leurs criminelles passions.

« Le gouvernement a le mandat de maintenir l'ordre, l'une de nos principales forces, en face de la Prusse.

« C'est la cité tout entière qui réclame la répression sévère de cet attentat audacieux et la ferme exécution des lois.

« Le gouvernement ne faillira pas à son devoir.

« Les membres du gouvernement de la défense nationale.

« Paris, le 22 janvier 1871. »

Je vous transmets aussi les deux dépêches de la municipalité, par lesquelles la population parisienne a été informée des événements du 22. Ces dépêches ont leur caractère et j'aime à vous donner le ton, le *la*, pour ainsi parler, de nos gouvernants :

« Paris, 22 janvier 1871, 4 h. 52 m. soir.

« *Maire de Paris aux commandants des neuf secteurs.*

« Quelques gardes nationaux factieux, appartenant au 101e de marche, ont tenté de prendre l'Hôtel de Ville. Ils ont tiré sur les officiers de service et blessé grièvement

ment un adjudant-major de la garde mobile. La troupe a riposté. L'Hôtel de Ville a été fusillé des fenêtres des maisons qui lui font face de l'autre côté de la place, et qui étaient d'avance occupées. On a lancé sur nous des bombes et tiré des balles explosibles. L'agression a été la plus lâche et la plus odieuse d'abord au début, puisqu'on a tiré plus de cent coups de fusil sur le colonel et ses officiers, au moment où ils congédiaient une députation admise un instant avant dans l'Hôtel de Ville. Non moins lâche ensuite, quand, après la première décharge, la place s'étant vidée et le feu ayant cessé de notre part, nous fûmes fusillés des fenêtres en face. Dites bien ces choses aux gardes nationaux et tenez-moi au courant si tout est rentré dans l'ordre. La garde républicaine et la garde nationale occupent la place et les abords.

« Jules Ferry.

« Paris, le 22 janvier 1871, 5 h. 40 m. soir.

« *Maire de Paris aux vingt maires.*

« L'Hôtel de Ville a été attaqué par une compagnie du 101e de marche, au moment où une délégation qu'on venait de recevoir amicalement redescendait et venait de franchir la grille. A ce moment, le colonel commandant l'Hôtel de Ville et deux de ses officiers qui étaient occupés, entre la grille et le bâtiment, à parler aux groupes assez peu nombreux, d'ailleurs, ont été assaillis par une fusillade. L'adjudant du bataillon de garde mobile est tombé frappé de trois balles. C'est alors seulement que les mobiles ont riposté.

« La place se vida en un instant, et le feu cessa du côté des défenseurs de l'Hôtel de Ville, mais les maisons qui font face des deux côtés du bâtiment de l'Assistance publique étaient occupées d'avance et une nouvelle et plus vive fusillade partit de leurs fenêtres dirigée sur le premier étage de l'Hôtel de Ville qui en porte les traces.

« Il est à noter que, parmi les projectiles, on a trouvé beaucoup de balles *explosibles* et de petites *bombes*. L'arrivée de la garde nationale et de la garde républicaine a mis fin à tout. On a arrêté douze gardes nationaux et un officier embusqués dans les maisons, un capitaine du 101e de marche, qui avait commandé le feu avec l'ex-commandant Sapia.

« Ainsi, par le crime de quelques-uns, cette extrémité douloureuse n'aura pas été épargnée à notre glorieux et malheureux Paris. Une agression aussi lâche que folle a souillé une page si pure. Vous en serez, comme moi, pénétrés de la plus profonde douleur. L'Hôtel de Ville et ses abords sont occupés par des forces considérables. Il n'y a rien à craindre pour l'ordre.

« JULES FERRY. »

Le gouvernement prend enfin des mesures qu'il aurait pu sans inconvénient prendre plus tôt. Il interdit les clubs. Il supprime les journaux *le Réveil* et *le Combat*, qui contenaient chaque jour des excitations à la guerre civile.

Dans la journée d'hier, deux choses m'ont frappé : d'abord le petit nombre des émeutiers ; ensuite, l'indifférence à peu près générale des gardes nationaux partisans de l'ordre.

Quand on connaît l'esprit qui anime un très-grand nombre de bataillons de la garde nationale, on est surpris qu'une agression comme celle qui vient de se produire n'ait réuni que quelques centaines d'hommes. Si l'on s'en rapportait aux discours qui se tiennent aux lieux de rassemblement, on croirait, au contraire, que des milliers de gardes nationaux ont dû marcher contre l'Hôtel de Ville. Mais ceux qui verraient, dans les trois ou quatre compagnies qui ont pris part à cette échauffourée, toutes les forces de l'insurrection, se tromperaient singulièrement.

La masse s'est évidemment abstenue. Il est clair que les chefs des associations ouvrières n'ont pas donné le signal de l'action ; qu'ils ont au contraire contenu leurs troupes. Ils jugent le moment défavorable ; ils comprennent que la défense n'a plus de chances sérieuses. Ils savent que l'armée régulière, les mobiles des départements, occupant les forts et les postes avancés, refuseraient de s'associer au mouvement ; que la France renierait Paris ; que leur pouvoir d'un jour s'écroulerait dans la chute de la ville. Ils tiennent en bride leur armée. Seuls, les plus affolés, les enfants perdus, n'écoutent rien et se livrent à ces tentatives sans écho.

En parcourant la ville, j'ai pu constater, en second lieu, que la garde nationale dévouée à l'ordre a montré fort peu de zèle. Le rappel avait beau battre dans les quartiers de la bourgeoisie, presque personne ne se rendait aux lieux de réunion. Dans le faubourg Saint-Germain, dans l'arrondissement de la Bourse, on voyait des groupes de douze ou quinze hommes, le fusil en bandoulière, errant sur les trottoirs, visiblement indécis. Les officiers se dirigeaient vers l'Hôtel de Ville suivis de cinq ou six de leurs soldats.

Si peu vigoureuse qu'ait été l'agression, il n'est pas démontré pour moi qu'elle eût été réprimée par la seule intervention de la garde nationale, quoique celle-ci eût sans doute regretté plus tard son inertie. L'émeute du 22 janvier a été étouffée par la mobile provinciale et par la garde républicaine.

Divisée en elle-même, mécontente, perdue dans la

négation et dans la critique, n'ayant rien où se rattacher, la partie de la garde nationale qui est conservatrice ou qui doit l'être n'a plus de volonté ; elle est incapable d'agir : le doute, la perplexité la paralysent ; le dépit, la mauvaise humeur lui font fermer les yeux sur ses propres dangers. Voilà où en est cette partie de la garde nationale sur laquelle les hommes d'État naïfs comptent pour assurer le maintien de l'ordre.

L'autre partie de la garde nationale, celle qui veut la révolution, se tient sur le qui-vive, ne cède pas aux entraînements, et par cette patience, par cette discipline, fait supposer une organisation assez forte.

Je vous laisse à penser quelles riantes perspectives cela nous ouvre pour un avenir prochain.

LETTRE LXXV

Lundi, 23 janvier, 128e jour du siége.

Je rencontrai tout à l'heure un garde national mobilisé qui, le 19, n'était pas à Buzenval. Il était à Arcueil-Cachan. Il me raconte que sa compagnie a été relevée le 19 au soir par une compagnie du bataillon de la Maison-Blanche (barrière d'Italie). Cette compagnie arriva fort égayée, chantant à gorge pleine. Deux obus passent au-dessus d'elle et vont éclater à la distance d'une vingtaine de mètres. Aux chants succède le plus profond silence.

« Il tombe donc des obus ici? » disent les nouveaux venus à ceux qu'ils allaient remplacer. « Oui, citoyens, il en tombe dru, et vous le verrez à votre aise; nous avons eu chaque jour plusieurs blessés. — On nous envoie ici pour nous faire égorger! » murmurent les patriotes de la Maison-Blanche. Ils commençaient à se disputer entre eux à qui n'occuperait pas les postes les plus découverts, lorsque la compagnie relevée de garde les laissa s'arranger entre eux et se rabattit sur Montrouge.

Le lendemain, sur les 125 hommes qui formaient l'effectif de la compagnie de la Maison-Blanche, il en restait 17 ; tout le reste avait déserté. Il fallut faire occuper les postes par un autre bataillon.

Le surlendemain, ces mêmes gardes nationaux mobilisés de la Maison-Blanche, si peu solides aux avant-postes, descendaient sur la place de l'Hôtel-de-Ville pour demander des mesures décisives et la sortie en masse, et ils ouvraient le feu contre les mobiles français. Ce bataillon de la place de l'Hôtel-de-Ville et des avancées d'Arcueil, c'est le 101e de marche.

LETTRE LXXVI

Mardi, 24 janvier, 129e jour du siége.

Nous avons reçu de mauvaises nouvelles des provinces. Nous voyons, dans une longue suite de dépêches, la douloureuse retraite du général Chanzy, l'évacuation du Mans, la capture de vingt mille prisonniers. Nous ne pouvons plus rien attendre de l'armée de l'Ouest ; il faudra longtemps pour qu'elle puisse se relever de ces désastres et se remettre en marche.

J'ai dit franchement par où, nous autres Parisiens, nous avions erré ou faibli, et ma correspondance avec vous ne s'est nullement obstinée dans un dithyrambe perpétuel en l'honneur de Paris. Je puis donc vous demander si vous n'avez rien à vous reprocher à votre tour, vous autres habitants des provinces, et si vous avez bien fait tout ce que vous avez dû. Je ne parle pas des efforts militaires qui ont été, je le suppose, aussi énergiques que possible. Le contraire serait trop pénible à croire. Mais je demande si vous deviez vous abandonner absolument à un gouvernement surgi fortuitement des circonstances, le laisser disposer de vous sans contrôle. Ce n'était pas à nous, habitants d'une ville assiégée, investie par l'ennemi, de convoquer une représentation nationale; c'était à vous, gens des pays non envahis, d'exiger avant tout cette représentation, de la former, malgré même le gouvernement du 4 septembre, qui aurait bien été obligé de s'y accommoder. « Vous auriez embarrassé, entravé, vous disait-on, l'action de la défense. » Vous deviez répondre que, tout au contraire, cette action eût reçu une impulsion plus vigoureuse de l'autorité plus incontestée de ceux qui l'auraient dirigée. Au lieu d'une agitation fébrile et incohérente, une représentation nationale aurait obtenu des efforts unanimes et concordants. Elle aurait inspiré au pays une confiance qui semble lui avoir manqué. Elle aurait fait d'une nation débandée un peuple se sachant maître de sa destinée et déterminant lui-même ses efforts et ses sacrifices. Le sentiment de la solidarité, qui n'a pas été partout assez vif, se serait fortifié. On n'aurait point vu se produire alors cette immobilité égoïste, cette sorte de désintéressement des maux de la patrie, qu'on a signalés dans quelques provinces. Le gouvernement, appuyé sur cette représentation souveraine, aurait pu commander l'énergie avec plus de certitude d'être obéi et avec de plus justes sévérités contre la désobéissance. Une assemblée élective, peu nombreuse, si vous vouliez, mais personnifiant bien le pays, n'aurait donc pas nui à la lutte, mais l'aurait aidée, au contraire. Elle aurait rendu d'autres services encore.

Elle aurait été le point de ralliement indiscutable. Elle aurait fait l'ordre où l'ordre aurait été troublé. Elle aurait surveillé l'emploi de nos ressources financières; elle n'aurait pas laissé gaspiller ces précieuses ressources par des aventuriers sans mandat et par des *fruits secs* de l'Empire. L'Europe, au lieu de se trouver en face d'un négociateur spontané et officieux comme l'était simplement M. Thiers, malgré l'autorité légitime que lui valait son illustration, l'Europe aurait eu à qui parler et qui lui eût parlé au nom de la France.

Combien notre situation en eût été meilleure, aujourd'hui que nos efforts paraissent, hélas! toucher à leur terme! Si nous en sommes réduits à traiter avec l'ennemi, nous le ferons dans les pires conditions. Nous le ferons, pressés par la famine, pressés par les agitations de la rue, comme on peut négocier dans une place de guerre qui en est arrivée à la dernière période de la résistance et qui n'a plus qu'à subir la loi de l'ennemi. Nos droits seront défendus par un avocat devenu diplomate en dépit de la nature; l'habile chancelier de l'empire germanique jouera avec ce négociateur comme le chat avec la souris. M. Jules Favre n'aura, d'ailleurs, rien où s'appuyer pour résister à des exigences qui seront sans doute abusives et excessives.

Si, au contraire, une représentation nationale existait quelque part en France, elle seule aurait le droit de traiter. Si l'ennemi se montrait implacable et exigeait des concessions déshonorantes, elle pourrait les repousser. Paris, désarmé par la famine, subirait le sort de la guerre ; mais la France resterait debout. Nous aurions un gouvernement auquel Paris lui-même, si les douleurs de cette crise l'égaraient, serait tenu de se soumettre. Nous n'aurions pas un gouvernement emprisonné depuis quatre mois, discrédité, n'ayant, pour ainsi dire, qu'un souffle d'existence, énervé, effaré. L'âme de notre pays serait sauve et libre. Voyez quelle différence entre ce que nous sommes et ce que nous serions, si les provinces avaient écouté ceux qui, comme moi, leur criaient au mois de septembre : « Constituez une nouvelle représentation nationale, constituez-la sans retard et de votre propre initiative, si le gouvernement vous refuse la sienne. »

Nous avons eu, nous tous qui parlions ainsi, le sort de Cassandre. Permettez-moi de vous le dire : Vous n'avez fait preuve d'aucun esprit politique. Vous vous êtes insoucieusement abandonnés à MM. Glais-Bizoin, Crémieux, Gambetta, comme vous l'auriez fait à MM. Pyat ou Miot. Il y a quatre mois, chaque maire aurait dû appeler au vote les habitants de sa commune ;

chaque arrondissement aurait dû se constituer un mandataire. Vous attendrez donc indéfiniment le signal auquel vous êtes habitués d'obéir; vous ne voterez point tant que Paris ne pourra ou ne voudra vous convoquer aux urnes. Jusque-là, vous resterez dispersés comme les baguettes d'un faisceau dont le lien a été rompu; vous ne serez plus une nation!

LETTRE LXXVII

Mercredi, 25 janvier, 130e jour du siége.

Pendant que nos esprits sont absorbés par les plus graves préoccupations, le bombardement continue. Hier et cette nuit, nos quartiers ont été rudement traités. Le boulevard Saint-Michel reçoit tant de projectiles que les omnibus ne le remontent plus et s'arrêtent à la fontaine.

Depuis le 16, le *Journal officiel* signale 92 tués ou blessés, ce qui fait un total de 314 victimes jusqu'à ce jour pour la rive gauche.

Une population plus malheureuse maintenant que

celle de nos quartiers est la population de Saint-Denis. L'ennemi a ouvert le feu contre cette ville le 21 au matin, et, depuis lors, les projectiles n'ont cessé d'y pleuvoir. La cathédrale a été sérieusement endommagée. Les obus ont mis le feu à plusieurs usines. Les habitants, moins abrités que ceux de Paris à cause de la construction plus légère des maisons, sont obligés de se réfugier dans les caves. Ils ne laissent pas d'y être souvent atteints. Les victimes sont nombreuses, quelques-unes restent sans sépulture : le cimetière est tellement criblé d'obus qu'on ne peut y pénétrer.

L'autorité militaire invite les habitants à se retirer à Paris, où des locaux seront mis à leur disposition. Nous voyons se renouveler plus tristement ce spectacle que nous eûmes sous les yeux, il y a quatre mois, lorsque les populations des villages environnants entrèrent à Paris à l'approche des Prussiens. Toute la large route de Saint-Denis à Paris est couverte de pauvres gens ; les uns poussent des charrettes où ils ont mis le plus qu'ils ont pu de leur mobilier, les autres portent leur lit sur leur dos, les femmes traînent les enfants. Derrière eux, les explosions des obus dessinent de rouges lueurs ; quelques projectiles les poursuivent jusque sur la route, jettent l'épouvante parmi ces fugitifs et causent des scènes de confusion navrantes. Des obus sont tombés jusqu'à la Chapelle et à la Villette.

LETTRE LXXVIII

Jeudi, 26 janvier, 131e jour du siége.

J'ai toujours oublié de vous parler des Parisiens qui ont quitté Paris, laissant leur appartement fermé et sous la garde de la probité publique. Peut-être voyez-vous quelques-unes de ces personnes qui ne doivent pas être exemptes d'inquiétude. Je veux les éclairer sur les dangers que leurs logis ont pu courir et qui ne sont devenus un peu sérieux, du reste, que dans ces derniers jours. Je ne parle pas des dangers résultant du bombardement, quand ces logis se trouvent dans la zone assaillie ; je parle des perquisitions et des visites domiciliaires auxquelles ils ont pu être exposés.

Il y a eu tout d'abord, dans les réunions publiques, de grandes clameurs contre les fuyards. On ne demandait pas moins que la confiscation de leurs biens. Plus tard, quand vint la disette, les motions des orateurs se modifièrent, ils proposèrent seulement de faire des recherches à fond dans les logements délaissés. Toujours certains socialistes pratiques eurent l'esprit fortement préoccupé de ces logis vides et firent valoir mille prétextes d'y pénétrer.

Le gouvernement de la défense nationale résista assez fermement à ces sollicitations. Le départ des personnes inutiles à la défense avait été encouragé avant l'investissement. Le 19 août 1870, la préfecture de police les engageait formellement à quitter Paris. Le 25 août, M. Jules Simon, au Corps législatif, demandait que des mesures fussent prises pour faciliter l'éloignement des femmes, des enfants et des vieillards. Le 8 septembre, le nouveau préfet de police, M. de Kératry, invitait les Parisiens qui devaient quitter la capitale à accélérer leur départ. Le gouvernement se sentit sans doute tenu à protéger ceux qui s'en étaient allés sur sa recommandation expresse. Toutefois, pour donner une certaine satisfaction aux récriminations populaires, il publia, le 7 octobre, un décret qui soumettait à une taxe les personnes absentes de Paris :

« Le gouvernement de la défense nationale,

« Considérant qu'un grand nombre d'habitants se sont éloignés de Paris ; qu'il ne serait pas juste qu'ils fussent affranchis des charges qui résultent de l'état de siége,

DÉCRÈTE :

« ART. 1er. — Les locaux dont les habitants se sont

éloignés de Paris pour toute autre cause que pour un service public, seront soumis, à partir du 10 septembre courant, à une taxe graduée suivant la valeur locative desdits locaux.

« Au-dessous de 600 fr. lesdits locaux ne supporteront aucune taxe.

« A partir de 600 fr. la taxe sera réglée de la manière suivante :

De	600	à	1,000 fr. . .	20 fr.	par mois.
De	1,001	à	2,000 fr. . .	60	—
De	2,001	à	3,500 fr. . .	120	—
De	3,501	à	6,000 fr. . .	180	—
De	6,001	à	10,000 fr. . .	240	—
De	10,001	à	20,000 fr. . .	300	—
De	20,001	fr. et au-dessus.		500	—

« La taxe cessera à partir de la levée de l'état de siége.

« Art. 2. — Les rôles comprenant cette taxe seront dressés et arrêtés par le maire de Paris sur la proposition d'une commission constituée par lui.

« Le recouvrement en sera effectué par les receveurs-percepteurs des contributions directes.

« La taxe mensuelle devra être acquittée en une seule fois et dans le délai de quinze jours à partir de la notification.

« Art. 3. — Les réclamations auxquelles cette taxe pourrait donner lieu devront être présentées dans le même délai de quinze jours et seront jugées par le maire de Paris, sur l'avis de la commission constituée par l'art. 2 ci-dessus.

« Art. 4. — Le maire de Paris est chargé de l'exécution du présent décret.

« Fait à Paris, le 17 octobre 1870. »

Cette taxe, comme vous le pensez bien, ne contenta point les habitués des réunions publiques. Elle y fut proclamée insuffisante et dérisoire.

Elle offrit, d'un autre côté, d'assez grandes difficultés de perception. On aurait voulu la percevoir tout de suite, et l'on ne savait souvent à qui la réclamer. Un doute fut, en outre, élevé : fallait-il appliquer le décret du 7 octobre aux femmes, aux vieillards, à ceux qui étaient sortis de Paris sur l'invitation formelle du gouvernement? Cette question fut posée, et le *Journal officiel* y répondit comme il suit :

« La taxe sur les absents a donné lieu à de nombreuses réclamations qui proviennent de ce qu'on en méconnaît le véritable caractère. Beaucoup de personnes la considèrent comme une espèce d'amende infligée à ceux qui ont fui. Envisagée ainsi, elle devrait être non pas modifiée, mais supprimée, car une taxe pénale est une monstruosité. La justice seule peut appliquer des amendes ; l'administration financière n'a d'autre devoir que de répartir les charges publiques.

« La taxe sur les absents est purement et simplement une taxe de compensation. Tous ceux qui ont joui des avantages de Paris et qui se réservent la facilité d'en jouir de nouveau après le siége, y conservant leur appartement et leur mobilier, sont soumis à cette taxe. A ce point de vue, il n'y a lieu d'exempter ni les femmes, ni les vieillards, ni les étrangers, ni les mineurs propriétaires. Le service de la garde nationale n'est pas la seule charge que les Parisiens subissent par suite du siége : le logement des mobiles et des réfugiés, les réquisitions, les contributions de toutes sortes qui, sans être exigées par l'autorité, s'imposent moralement à tous ceux qui possèdent quelque aisance, ce sont là aussi des charges dont il faut tenir compte.

« Dans les circonstances où nous sommes, l'idée d'une compensation est donc toute naturelle, et quelle compensation plus juste qu'une taxe graduée d'après la valeur locative des appartements inoccupés? La commission de répartition, chargée d'interpréter et d'appliquer le décret du 7 octobre, a repoussé à l'unanimité l'idée d'une taxe pénale, et, en conséquence, elle n'a admis d'exemption qu'en faveur des personnes appelées au dehors pour un service public et des chefs de famille dont les appartements sont restés ouverts et occupés par des membres de la même famille habitant habituellement. »

En somme, je crois que beaucoup de Parisiens éloignés de Paris se seraient aisément résignés à acquitter cette taxe pour être sûrs que leurs logements fussent garantis de toute perquisition et de toute visite indiscrète. Malheureusement, dans la crise que nous traversons, on en est réduit aux mesures extrêmes, et le 19 janvier parut un arrêté fait pour alarmer les personnes absentes :

« Le membre du gouvernement de la défense nationale délégué à la mairie de Paris,

« Considérant qu'il existe à Paris, au domicile des personnes absentes, des combustibles et des subsistances de diverse nature qu'il importe de mettre en réquisition dans l'intérêt de la défense nationale,

« Considérant que les locaux délaissés par ces personnes peuvent, d'ailleurs, être utilement employés, soit au placement des blessés et des malades, soit au logement des réfugiés des arrondissements atteints par le bombardement,

« ARRÊTE :

« ART. 1er. — Des perquisitions seront faites à Paris et dans le département de la Seine, au domicile de toutes les personnes absentes, à l'effet de rechercher les combustibles, comestibles, denrées et liquides de toute nature qui peuvent s'y trouver.

« Art. 2. — Ces perquisitions seront effectuées par le maire de chaque arrondissement ou par un délégué spécial du maire, avec l'assistance, s'il y a lieu, du commissaire de police.

« Le commissaire de police pourra recevoir lui-même la délégation du maire.

« Art. 3. — Le maire ou son délégué dressera procès-verbal de ses opérations.

« Ce procès-verbal énoncera sommairement la nature, le poids et la quantité des objets trouvés.

« Cette formalité accomplie, le maire ou son délégué pourra faire procéder à l'enlèvement immédiat des denrées et combustibles.

« S'il laisse momentanément ces objets au domicile de l'absent, son procès-verbal devra être dressé en double ; l'original restera aux mains du fonctionnaire et la copie sera laissée au concierge ou gardien préposé, lequel, après y avoir apposé sa signature, sera responsable des objets commis à sa garde, sous les peines portées par la loi.

« Il sera tenu compte au propriétaire absent de la valeur des objets enlevés, sur les évaluations faites par un ou plusieurs experts désignés par le maire de l'arrondissement.

« Art. 4. — Réquisition est faite, au nom de la

ville de Paris, des logements des personnes absentes. Ces locaux sont mis à la disposition de la mairie centrale et de la mairie d'arrondissement.

« Paris, le 18 janvier 1871.

« JULES FERRY. »

Le lendemain, une circulaire du ministre de l'intérieur vint atténuer un peu l'arrêté du maire de Paris en multipliant les précautions à prendre « pour concilier autant que possible les devoirs de l'humanité avec le droit de propriété et la sauvegarde du domicile. »

Toutefois, dès les premières perquisitions qui furent faites, on s'aperçut qu'il ne serait pas facile de les contenir dans de justes bornes. C'est naturellement dans les quartiers où les clubs réclamaient depuis longtemps cette autorisation qu'on mit le plus d'empressement à en profiter. Les XVIIe et XVIIIe arrondissements donnèrent l'exemple. Les officiers de la garde nationale, non plus que le personnel des mairies, n'y offraient pas toujours des garanties d'une moralité irréprochable. Il fut tout de suite évident que les visites domiciliaires donneraient lieu à des déprédations, sans fournir un supplément appréciable à l'alimentation publique. Aussi a-t-on presque partout renoncé à appliquer l'arrêté du 18 janvier.

Si donc vous voyez des personnes qui ont conçu quelques craintes à ce sujet, vous êtes en mesure de calmer leurs appréhensions. Elles retrouveront leur domicile intact; surtout si ce domicile est situé en des quartiers paisibles, elles peuvent s'assurer qu'on n'y aura point fait de perquisitions.

C'est là une victoire remportée par la délicatesse publique et qui fait honneur à Paris. Malgré la lie que la grande cité recèle, il y a dans le caractère parisien, et l'on peut dire plus généralement, dans le caractère français, tels joyaux dont nos vainqueurs ne semblent pas près de s'enrichir.

C'est ainsi encore que la délation, malgré les tendances et les efforts de la vieille école jacobine, n'a aucun succès, même au milieu de notre plus pressante détresse. On a repoussé tout ce qui l'aurait encouragée. Un décret qui établissait une prime en faveur de quiconque dénoncerait certaines quantités de blé ou de farine cachées par des particuliers, a été retiré presque immédiatement et la prime supprimée. L'opinion froissée a obtenu le retrait de cette mesure. Si tout est perdu, nous voulons au moins que notre honneur de peuple civilisé soit sauf, et nous nous montrons d'autant plus susceptibles sous ce rapport que nous voyons clairement que c'est à peu près tout ce que nous pourrons sauver du naufrage.

LETTRE LXXIX

Vendredi, 27 janvier, 132e jour du siége.

La mortalité est considérable. Du 13 au 20 janvier, le bulletin officiel constate 4,465 décès. En temps ordinaire, on compte, à la même époque de l'année, un millier de décès par semaine. La mortalité est donc presque quintuplée.

La variole, la fièvre typhoïde, la bronchite et la pneumonie, telles sont les principales maladies qui sévissent. La mortalité des enfants du premier âge est surtout lamentable : elle seule équivaut aux trois quarts de la mortalité totale de Paris en temps ordinaire.

Rien de lugubre comme le cimetière du Montparnasse avec ces grandes tranchées ouvertes où les cercueils se juxtaposent sans interruption du matin au soir. Huit, dix attendent toujours à la file qu'un peu de terre les recouvre. C'est, au cercueil près, l'enterrement en masse qui a lieu après les batailles.

Les corbillards, traînés par un seul cheval, s'en vont

au cimetière sans cortége. Très-peu de vivants accompagnent les morts à leur dernière demeure. Souvent, personne ne les suit. Est-ce la crainte des obus qui tombent dans le quartier du Montparnasse, qui est cause de cette désertion? Je ne le crois pas. Ces obus ne sont pas bien fréquents; et, avant même qu'on eût cette crainte, on commençait à voir diminuer le cortége des morts. Vous savez cependant combien, à Paris, ce devoir est d'habitude rempli avec empressement; il faut que la population soit gravement troublée pour qu'elle le néglige : chacun, en de tels moments, songe plus exclusivement à soi.

LETTRE LXXX.

Vendredi, 27 janvier, 132e jour du siége.

Nouvelles déplorables... Nous apprenons que l'armée du Nord a été défaite à Saint-Quentin le 19 janvier, le même jour que nous faisions notre sortie de Buzenval et de Montretout, le même jour que les Prussiens entraient à Tours. Nous apprenons encore que la tentative du général Bourbaki pour délivrer Belfort et s'établir sur la ligne de retraite de l'ennemi a complétement échoué. Si nous en croyons même le *Times*, dont on nous cite des extraits, l'armée de l'Est serait prise entre deux armées ennemies et gravement compromise.

Paris est à bout de vivres. Le pain que l'on nous rationne est de plus en plus avarié. On y trouve toutes sortes de grains, excepté du blé. J'y ai trouvé du chènevis, de la graine de lin, etc. On le fait évidemment avec les balayures des greniers. La paille y est si abondante qu'elle s'insère entre les dents et qu'elle gratte le gosier; lorsqu'on trempe ce pain, il s'émiette et tombe en granules plus lourds que le liquide au fond de la tasse. Tel qu'il est, on dit qu'il n'y en a plus que pour huit ou dix jours.

Essayera-t-on de retourner au combat? On assure que tous les chefs de corps, que les généraux de division, que les colonels, les chefs de bataillon ont été convoqués dans un grand conseil en présence des ministres et des maires. On leur aurait demandé leur avis sur la possibilité de percer les lignes d'investissement. Ils auraient tous été d'avis que ces lignes sont infranchissables. Ils auraient ajouté qu'en supposant qu'on réussît à les traverser, on trouverait au delà de ces lignes un pays épuisé, les chemins de fer détruits, les routes effondrées, les rivières obstruées, tout aux mains de l'ennemi ; il est impossible d'emporter des vivres, puisqu'ils nous manquent ; il serait impossible de se ravitailler. « Tout ce que nous pouvons faire, auraient-ils déclaré, c'est de nous faire tuer. »

Des rumeurs de toute sorte agitent Paris. Il est certain que des pourparlers sont entamés avec Versailles. La population est très-émue, elle a peine à admettre qu'on soit arrivé à l'extrême limite des sacrifices, qu'il soit impossible de continuer la résistance. On se refuse à accepter un si triste dénoûment ; beaucoup d'esprits exaltés, qui oublient la multitude des femmes et des enfants, préféreraient une catastrophe terrible. Nous n'aimons point ce qui n'a rien de théâtral, ce qui ne prête point aux déclamations. On aurait voulu finir avec éclat, quand il en aurait dû coûter plus de carnage et plus de ruines.

LETTRE LXXXI

Samedi, 28 janvier, 133e jour du siége.

Le *Journal officiel* nous donne enfin des renseignements sur les négociations :

« Tant que le gouvernement a pu compter sur l'arrivée d'une armée de secours, il était de son devoir de ne rien négliger pour prolonger la défense de Paris.

« En ce moment, quoique nos armées soient encore debout, les chances de la guerre les ont refoulées, l'une sous les murs de Lille, l'autre au delà de Laval ; la troisième opère sur les frontières de l'Est. Nous avons dès lors perdu tout espoir qu'elles puissent se rapprocher de nous, et l'état de nos subsistances ne nous permet plus d'attendre.

« Dans cette situation, le gouvernement avait le devoir absolu de négocier. Les négociations ont lieu en ce moment. Tout le monde comprendra que nous ne pouvons en indiquer les détails sans de graves inconvénients. Nous espérons pouvoir les publier demain. Nous pouvons cependant dire dès aujourd'hui que le principe de la souveraineté nationale sera sauvegardé par la réunion immédiate d'une Assemblée ; que l'armistice a pour but la convocation de cette Assemblée ; que, pendant cet armistice, l'armée allemande occupera les forts, mais n'entrera pas dans l'enceinte de Paris ; que nous conserverons notre garde nationale intacte et une division de l'armée, et qu'aucun de nos soldats ne sera emmené hors du territoire. »

La journée d'hier a été fiévreuse. Les groupes étaient nombreux sur les boulevards et sur la place de l'Hôtel-de-Ville. On discutait avec animation les nouvelles de la journée.

Les officiers de la garde nationale se sont réunis pour protester contre la capitulation de Paris. Ils se sont rendus à l'état-major de la place Vendôme, puis à l'Hôtel de Ville. A l'état-major, le général Clément Thomas les a harangués ; ils n'ont trouvé aucun des membres du gouvernement à l'Hôtel de Ville. Ils se sont rendus au ministère de l'intérieur, où M. Picard leur a dit que leur devoir à eux, officiers de la garde nationale, était d'user de leur influence sur la population pour la maintenir dans le calme et la dignité nécessaires, afin de n'avoir pas la douleur plus grande encore de voir la police de Paris faite par des caporaux prussiens.

Le soir, les rassemblements, rue Drouot et boulevard Montmartre, sont plus nombreux que de coutume. Des groupes marchant en rangs réguliers parcourent la ligne des boulevards. Des orateurs en plein vent prétendent qu'il y a encore des vivres en abondance, que nous sommes « trahis » (nous n'avons plus en France d'autre refrain). On colporte le bruit que les amiraux ne veulent pas rendre les forts. On propose d'aller chez l'amiral Saisset pour lui proposer de se mettre à la tête des partisans de la sortie en masse et de la lutte à outrance.

En définitive, toute cette agitation semble se dépenser en paroles. L'abattement, l'amertume règnent partout, mais aucune résolution violente ne paraît avoir chance d'aboutir.

Comme des incidents comiques se mêlent toujours aux événements les plus lugubres, le bruit s'est répandu dans la journée que le général Trochu et d'autres membres du gouvernement se sauvaient en ballon. Sur cette rumeur, des gardes nationaux ont envahi la gare de l'Ouest où un ballon-poste était en partance et ont voulu arrêter les aéronautes. Ceux-ci ont eu beaucoup de peine à leur persuader que les personnages dont ils étaient en quête ne se cachaient point parmi eux. Ils ont fini pourtant par se rendre à l'évidence et ont laissé partir le ballon.

LETTRE LXXXII

Dimanche, 29 janvier, 131e et dernier jour du siége.

La convention qui met fin à la défense de Paris est officiellement publiée ce matin. Elle est précédée du préambule suivant :

« C'est le cœur brisé de douleur que nous déposons les armes. Ni les souffrances, ni la mort dans le combat n'aurait pu contraindre Paris à ce cruel sacrifice. Il ne cède qu'à la faim. Il s'arrête quand il n'a plus de pain. Dans cette cruelle situation le gouvernement a fait tous ses efforts pour adoucir l'amertume d'un sacrifice imposé par la nécessité. Depuis lundi soir il négocie; ce soir a été signé un traité qui garantit à la garde nationale tout entière son organisation et ses armes ; l'armée, déclarée prisonnière de guerre, ne quittera point Paris. Les officiers garderont leur épée. Une Assemblée nationale est convoquée. La France est malheureuse, mais elle n'est pas abattue. Elle a fait son devoir ; elle reste maîtresse d'elle-même. »

Le premier article de cette convention est d'une lecture particulièrement douloureuse, c'est celui où l'on trace la ligne de démarcation entre les deux armées. Nous y voyons, décrite avec la froideur du style diplomatique, l'étendue de cette invasion cruelle qui occupe toute une partie de la Normandie, s'étend jusqu'aux frontières de la Bretagne et redescend ensuite jusqu'au delà de la Loire. C'est presque un tiers de la France qui se trouve foulé et ravagé par l'ennemi. Du côté de la Bourgogne et de la Franche-Comté, on paraît n'avoir pas eu de renseignements suffisants pour tracer la ligne de démarcation. Il est malheureusement trop certain que le général Bourbaki a été obligé de reculer.

L'article 2 détermine le but de l'armistice que concluent les deux puissances ; ce but est la convocation d'une Assemblée nationale librement élue qui se prononcéra sur la question de savoir : si la guerre doit être continuée ou à quelles conditions la paix doit être faite.

Comme vous le voyez, si nous sommes obligés de céder nos armes, de livrer nos forts, c'est pour constituer ce qui devrait exister déjà, l'Assemblée que la France aurait mieux fait de convoquer spontanément et avant de traiter.

Je résume les articles qui suivent.

Nous nous engageons à remettre aux Allemands tous les forts, ainsi que leur matériel de guerre.

« — Tous les forts ! me direz-vous ; et le Mont-Valérien aussi ? »

Et le Mont-Valérien aussi. On assure cependant que le fort de Vincennes est excepté de cette occupation et que le drapeau français continuera de flotter sur le vieux donjon.

L'armée allemande n'entre pas dans Paris. C'est une grande consolation pour nous.

L'enceinte sera désarmée de ses canons.

Les garnisons (armée de ligne, garde mobile et marins) sont prisonnières de guerre ; elles déposeront leurs armes, qui seront livrées à l'ennemi. Les officiers, toutefois, conservent leur épée. Ces troupes seront consignées dans l'intérieur de la ville. A l'expiration de l'armistice, elles se constitueront prisonnières si la paix n'a pas été conclue.

Une division de douze mille hommes reste armée pour le service intérieur.

La garde nationale tout entière garde son organisation et ses armes.

La ville de Paris payera une contribution municipale de guerre de deux cents millions de francs.

Les personnes qui voudront quitter Paris devront être munies de sauf-conduits qui seront visés aux avant-postes allemands. Ces sauf-conduits seront accordés de droit aux candidats à la députation.

Nous pourrons échanger entre Paris et les départements, par l'intermédiaire du quartier général de Versailles, des lettres non cachetées.

C'est à ces conditions que Paris obtient de ne pas périr de faim.

La nuit dernière, il y a eu encore quelques tentatives d'agitation. Dans certains quartiers on a sonné le tocsin, on a battu la générale. Les gardes nationaux, malgré ces appels, ne se sont rassemblés qu'en petit nombre. Un sieur Brunel et un sieur Piazza, qui s'étaient décerné les titres et les fonctions de général en chef et de chef d'état-major général de l'armée de Paris, ont été arrêtés ce matin.

Quelque douloureuse qu'elle soit, on sent qu'il n'y a plus qu'à subir cette extrémité.

Paris boit la coupe d'amertume, on la lui a présentée brusquement, comme on présente aux enfants la médecine qu'on veut leur faire prendre, de sorte qu'ils l'aient avalée avant d'en connaître le goût.

LETTRE LXXXIII

Dimanche, 29 janvier.

Quoique des négociations fussent entamées depuis le 25, le bombardement ne s'est pas ralenti jusqu'à la dernière heure. Les Prussiens savent parfaitement que les échecs de nos armées de province et l'épuisement de nos vivres nous obligent seuls à nous rendre et que leurs obus n'y sont pour rien. C'est égal, ils ont persisté à se donner ce divertissement.

Le 26, le 27, il a éclaté encore sur l'intérieur de Paris un grand nombre de projectiles qui ont fait une quinzaine de victimes. Le 27, au soir, alors que l'armistice était conclu et signé, et commençait à minuit, les Allemands ont continué leur feu : le dernier obus est tombé à minuit, derrière le Panthéon.

D'après les renseignements recueillis par l'état-major de la garde nationale, le nombre des gardes tués dans la journée du 19 janvier s'élèverait à 283, celui des blessés à 1,182, et celui des disparus à 165.

LETTRE LXXXIV

Lundi, 30 janvier

Le Gouvernement, dans sa proclamation du 28, avait promis de prouver que la résistance a duré jusqu'aux dernières limites du possible et de montrer qu'il nous reste tout juste assez de pain et de vivres pour attendre le ravitaillement. Voici les explications qu'il nous fournit :

« Le Gouvernement a annoncé qu'il donnerait la preuve irréfragable que Paris a poussé la résistance jusqu'aux extrêmes limites du possible. Hier encore il y avait inconvénient grave à publier des informations de ce genre. Aujourd'hui que la convention relative à l'armistice est signée, le Gouvernement peut remplir sa promesse.

« Il faut d'abord se remettre en mémoire ce que trop de personnes semblent avoir oublié : c'est qu'au début de l'investissement, les plus optimistes n'osaient pas croire à un siége de plus de six ou sept semaines.

« Lorsque, le 8 septembre, le *Journal officiel*, répétant une déclaration affichée sur les murailles par M. Magnin, ministre du commerce, affirmait « que les « approvisionnements en viandes, liquides et objets ali-« mentaires de toute espèce, seraient largement suffi-« sants pour assurer l'alimentation d'une population de « deux millions d'âmes pendant deux mois, » cette assertion était généralement accueillie par un sourire d'incrédulité. Or, quatre mois et vingt jours se sont écoulés depuis le 8 septembre.

« Au milieu des plus dures privations, devenues, pendant ces dernières semaines, de cruelles souffrances, Paris a résisté aussi longtemps qu'il a pu raisonnablement espérer le secours des armées extérieures, aussi longtemps qu'un morceau de pain lui est resté pour nourrir ses habitants et ses défenseurs. Il ne s'est arrêté que lorsque les nouvelles venues de province lui ont arraché tout espoir, en même temps que l'état de ses subsistances lui montrait la famine imminente et inévitable.

Le 27 janvier, — c'est-à-dire huit jours après la dernière bataille livrée sous nos murs et presque au moment où nous apprenions les insuccès de Chanzy et de Faidherbe, — il restait en magasin 42,000 quintaux métriques de blé, orge, seigle, riz et avoine, ce qui, réduit en farine, représente, à cause du faible rendement de l'avoine, 35,000 quintaux métriques de farine panifiable. Dans cette quantité sont compris 11,000 quintaux de blé et 6,000 quintaux de riz, cédés par l'administration de la guerre, laquelle ne possède plus que dix jours de vivres pour les troupes, si on les traite comme des troupes en campagne, savoir : 12,000 quintaux de riz, blé et farine, et 20,000 quintaux d'avoine. Telle était la situation de nos approvisionnements en céréales à l'heure de l'ouverture des négociations.

En temps ordinaire, Paris emploie à sa subsistance 8,000 quintaux de farine par jour, c'est-à-dire 2,000,000 de livres de pain ; mais, du 22 septembre au 18 janvier, sa consommation a été réduite à une moyenne de 6,360 quintaux de farine par jour, et depuis le 18 janvier, c'est-à-dire depuis le rationnement, cette consommation est descendue à 5,300 quintaux, soit un sixième de moins environ que la quantité habituelle, nous pourrions dire nécessaire.

« En partant de ce chiffre de 5,300 quintaux, le total de nos approvisionnements représente une durée de sept jours.

« A ces sept jours on peut ajouter *un* jour d'alimentation fournie par la farine actuellement distribuée aux boulangers ; *trois* ou *quatre* jours auxquels subviendront les quantités de blé enlevées aux détenteurs par tous les moyens qu'il a été possible d'imaginer, et l'on arrive ainsi à reconnaître que nous avons du pain pour huit jours au moins, pour douze jours au plus.

« Il n'est pas inutile de dire que, depuis trois semaines, il n'existe plus de provision en farine. Nos moulins ne fournissent chaque jour que la farine nécessaire au lendemain. Il eût suffi de quelques obus, tombant sur l'usine Cail, pour mettre instantanément en danger l'alimentation de toute la ville.

« En ce qui concerne la viande, la situation peut se caractériser par un seul mot : depuis l'épuisement de nos réserves de boucherie, nous avons vécu en mangeant du cheval. Il y avait 100,000 chevaux à Paris. Il n'en reste plus que 33,000 en comprenant dans ce chiffre les chevaux de la guerre.

« Ces 33,000 chevaux, d'ailleurs, ne sauraient être tous abattus sans les plus graves inconvénients. Plusieurs services, indispensables à la vie, seraient suspendus : ambulances, transport des grains, des farines et des combustibles ; services de l'éclairage et des vidanges, pompes funèbres, etc. Il nous faudra, d'autre part, beaucoup de chevaux pour le camionnage, quand le ravitaillement commencera. En réalité, une fois ces diverses nécessités satisfaites, le nombre des animaux disponibles pour la boucherie ne dépassera pas 22,000 environ.

« En ce moment nous consommons, avec l'armée, 650 chevaux par jour, soit 25 à 30 grammes par habitant, après le prélèvement des hôpitaux, des ambulances et des fourneaux. *Vingt-cinq* grammes de viande de cheval, *trois cents* grammes de pain, voilà la nourriture dont Paris se contente à l'heure qu'il est. Dans dix jours, quand nous n'aurons plus de pain, nous aurons consommé 6,500 chevaux de plus, et il ne nous en restera que 26,500. Nous pouvons, il est vrai, y joindre 3,000 vaches réservées pour le dernier moment, parce qu'elles fournissent du lait aux malades et aux nouveau-nés. Mais, alors, comme il faudra remplacer le pain absent, la ration de viande devra être quadruplée, et nous serons obligés de tuer 3,000 chevaux par jour. Nous vivrions ainsi pendant une semaine environ.

« Mais nous n'en viendrons pas à cette extrémité, précisément parce que le Gouvernement de la défense nationale s'est décidé à négocier. On dira peut-être : « Pourquoi avoir tant tardé ? Pourquoi n'avoir pas révélé plus tôt ces vérités terribles ? » A cette question il y a à répondre que le devoir était de prolonger la résistance jusqu'aux dernières limites, et que la révélation de semblables détails eût été la fin de toute résistance.

« Mais le ravitaillement marchera assez vite pour que nous ne restions pas un seul jour sans pain. Toutes les mesures que la prudence pouvait suggérer ont été prises, et, pourvu que chacun comprenne son devoir, pourvu que les agitations intérieures ne viennent pas troubler la reprise de l'activité industrielle et commerciale, de nouveaux approvisionnements nous arriveront juste au moment où nous aurons épuisé ceux qui nous restent.

« Nous avons le ferme espoir, nous avons la certitude que la famine sera épargnée à deux millions d'hommes, de femmes, de vieillards et d'enfants. Le devoir sacré de pousser la résistance aussi loin que les forces humaines le comportent, nous a obligés de tenir tant que nous avons eu un reste de pain. Nous avons cédé, non pas à l'avant-dernière heure, mais à la dernière. »

Ces explications ne produisent pas sur le public toute l'impression que le gouvernement en attendait sans doute. On n'y ajoute peut-être pas une foi entière ; peut-être chacun a-t-il chez soi quelques réserves secrètes qui le rendent moins sensible au danger couru.

LETTRE LXXXV

Mardi, 31 janvier.

La convention du 28 janvier paraît dure à tout le monde, aussi dure que nous pouvions l'attendre dans la situation désespérée où nous sommes. On ne sait si l'on doit même se féliciter des concessions que l'ennemi semble nous faire.

Ce que M. Jules Favre fait principalement valoir, ce qu'il considère évidemment comme son triomphe, c'est qu'il a obtenu que la garde nationale tout entière conservât ses armes, tandis que l'armée régulière déposerait les siennes. Ici encore nous voyons les tendresses filiales du gouvernement pour la garde nationale se donner cours. Le Gouvernement du 4 septembre n'est-il pas, en effet, doublement fils de la garde nationale, engendré au 4 septembre et sauvé au 31 octobre?

Ce Gouvernement ne peut l'oublier. Et cependant, si on lui rapporte tout ce qui se dit dans les réunions, dans les groupes de la milice parisienne, il doit être convaincu que ses complaisances ne recueillent plus qu'une noire ingratitude. On n'y parle, en effet, des hommes du 4 septembre que dans les termes les plus injurieux et les plus violents. Les gardes nationaux veulent pendre leurs anciennes idoles, « les pendre d'abord, les juger ensuite, » comme disait hier un citoyen expéditif.

M. de Bismark, tout en accordant cette clause, aurait fait, dit-on, des observations à notre négociateur sur les périls qu'une telle inégalité pouvait présenter. Mais M. Jules Favre a manifesté la plus parfaite confiance dans la garde nationale.

Ce qui est vrai, c'est que, les Prussiens n'entrant pas dans Paris, le désarmement général ou partiel de la garde nationale eût été malaisé.

En somme, Paris, fiévreux, irrité, est garrotté étroitement. Il reçoit ses subsistances des mains de l'ennemi. S'il fait un mouvement, celui-ci peut le laisser périr de faim ou l'écraser sous le feu de ses forts. Et non-seulement il est à la merci du vainqueur, il est également à la merci de ce qu'il y a d'imprévoyant, de surexcité, de perturbateur dans la multitude armée qu'il renferme. Jamais population n'a traversé un plus redoutable détroit.

Les halles centrales ont été envahies hier matin par une bande nombreuse, composée d'hommes, de femmes et d'enfants, qui ont dévalisé tous les étalages des marchands qui y étaient établis. L'œuvre de pillage a été si promptement exécutée, que lorsque la troupe, accourue en toute hâte, est arrivée, il n'y avait plus rien à sauver.

Tous les pavillons ont été occupés immédiatement par des détachements de la gendarmerie et de la garde républicaine. Des groupes animés n'ont cessé de stationner sur la place des halles et dans les rues adjacentes. Tandis que les marchands dépouillés parlent hautement d'un vol indigne, plusieurs dans la foule, excités par les privations, excités aussi par quelques hommes désireux d'exploiter toute circonstance au profit du désordre, proclament le droit du peuple contre les accapareurs.

A une heure, une autre bande a envahi la boutique du sieur Entraygues, marchand de comestibles, rue Montmartre ; une centaine de gendarmes ont eu beaucoup de peine à rétablir la circulation.

Bien que la troupe n'ait pas eu besoin de faire usage de ses armes, il y a eu quelques accidents, blessures ou contusions.

LETTRE LXXXVI

Mardi, 31 janvier.

Nous voyons, depuis hier, le flot des troupes et de la garde mobile refluer dans Paris. Quelques corps, les marins, notamment, conservent une digne attitude, l'attitude de gens qui ont conscience d'avoir fait leur devoir, et qui ressentent noblement la douleur de mettre bas les armes. Ils racontent les tristes circonstances de la reddition des forts. Les Prussiens étaient si pressés d'y entrer, qu'ils ont à peine laissé aux garnisons le temps de les évacuer. Nos soldats, quittant les forts qu'ils ont si vaillamment défendus, apercevaient à quelques centaines de mètres l'avant-garde des troupes prussiennes qui venaient les occuper. Ces troupes s'étaient mises, pour cette occasion, en brillante tenue, uniforme neuf, casque en tête, gants fourrés aux mains. Elles prenaient, du reste, possession de nos forts sans cris de joie ni chants de triomphe, paisiblement et sans bravade. Aussitôt rangées en bataille dans la cour du fort, on les voyait détacher des escouades qui allaient creuser sur les bastions, sur les chemins couverts et jusque dans les fossés, des tranchées pour s'assurer qu'aucun fil ne pouvait mettre l'électricité en communication avec des mines ou avec des torpilles.

Nos marins recevaient, en rentrant à Paris, un accueil particulièrement sympathique. Les gardes mobiles des départements ont dû, vu l'insuffisance des casernes et des baraques, être, en partie, logés chez les habitants, comme lorsqu'ils arrivèrent il y a cinq mois. Ils sont fatigués, attristés; beaucoup ont le mal du pays. Ils errent désœuvrés le long des trottoirs. Quelques-uns disent : « Au moins, nous allons dormir tranquillement. »

Il est peu de ces corps de troupes, même parmi les meilleurs, où les soldats ne se laissent aller à dénigrer et à blâmer leurs chefs : ils se sont aperçus que cela leur donne un certain relief aux yeux des Parisiens. Ils ne s'en font pas faute : ils oublient que, si les officiers qui ne savent pas imposer le respect à leurs soldats sont souvent de mauvais officiers, les soldats qui ne savent pas respecter leurs officiers sont toujours de mauvais soldats.

Le ministre de la guerre leur adresse la proclamation suivante :

A L'ARMÉE DE PARIS

« SOLDATS, MARINS ET GARDES MOBILES,

« Tant qu'une bouchée de pain a été assurée à Paris, vous avez défendu cette grande cité qui a été, pendant cinq mois, le boulevard de la France; vous l'avez défendue au prix de votre sang, qui a coulé à pleins bords.

« Aujourd'hui que des malheurs inouïs, que votre courage et vos sacrifices n'ont pu conjurer, vous ramènent dans son enceinte, de nouveaux devoirs, non moins sacrés que ceux que vous avez accomplis déjà, vous sont imposés.

« A tout prix, vous devez donner à tous l'exemple de la discipline, de la bonne tenue, de l'obéissance; vous le devez par respect pour vous-mêmes, par respect pour notre patrie en deuil, dans l'intérêt de la sécurité publique.

« Vous ne faillirez pas, j'espère, à cette obligation sacrée : y manquer serait plus qu'une faute, ce serait un crime.

« Officiers, sous-officiers et soldats, restez unis dans un sentiment commun de patriotisme passionné; soutenez-vous, fortifiez-vous les uns les autres, afin qu'après avoir versé tant de sang pour l'honneur de Paris et les plus grands intérêts de la patrie, vous méritiez qu'on dise de vous : Ils ne sont pas seulement de braves soldats, ils sont aussi de bons citoyens.

« Paris, le 30 janvier 1871.

« *Le ministre de la guerre,*

« GÉNÉRAL LE FLÔ. »

Ces journées qui s'écoulent depuis la fin de la lutte sont affreusement pénibles pour tout le monde. L'âme est comme détendue. Cette triste vie que nous menons est sans but. Notre pain nous paraît plus répugnant; le cheval semble plus coriace. Paris fait l'effet d'une insupportable prison.

LETTRE LXXXVII

Mercredi, 1er février.

En même temps qu'il publiait la Convention du 28 janvier, le *Journal officiel* convoquait les colléges électoraux pour l'élection d'une Assemblée nationale. On ressuscite, pour cette élection, la législation de 1849, le scrutin de liste par département, le vote au chef-lieu de canton. Nous aurons à nommer 43 députés à Paris ; vous aurez à en nommer 15 dans le Pas-de-Calais, 28 dans le Nord. C'est une mauvaise législation électorale. Le scrutin de liste, où l'on fait entrer dans une seule et unique circonscription Belleville et la Chaussée-d'Antin, le faubourg Saint-Germain et le quartier du Temple, Vaugirard et la Villette, est un principe de confusion orageuse, d'où ne peut sortir que le chaos ; c'est une vaste mer, obéissant à des courants violents qui entraînent, qui poussent tel ou tel groupe politique, et ne permettent pas d'examiner les hommes dont il se compose.

Mais il ne s'agit pas de le discuter, il faut que, de

toute manière, nous nommions nos représentants. Si j'avais à demander un compte sévère aux hommes d'État du 4 septembre, ce ne serait pas de leurs échecs militaires; ce ne serait ni de leurs opérations financières, ni de leur administration, ce serait de s'être arrogé le droit de laisser la France sans représentation nationale dans les circonstances graves où elle se trouvait. Un pouvoir monarchique ne l'aurait même pas osé. Il y a eu là une usurpation flagrante et criminelle : quelques députés de Paris se sont crus légitimement les maîtres de la France; ils n'ont pas éprouvé le besoin de la consulter; ils se sont même opposés à ce qu'on la consultât. C'est un exemple dangereux, c'est un fait qui détruit toute notre constitution politique, et qui mériterait le blâme formel, la réprobation expresse de la nation.

Le vote aura lieu à Paris le 5 février, dans les départements le 8. La cacophonie politique la plus complète règne ici. Chaque journal, chaque réunion publique fait sa liste à part; les passions sont follement surexcitées; la voix de la raison ne saurait nulle part se faire entendre. Paris sort d'une crise violente : son équilibre mental est ébranlé. Ce qui se dit dans les réunions électorales est tout à fait digne de Charenton. Les candidats y rabâchent des phrases comme celles-ci : « Il suffit du cri : Aux armes ! poussé par les socialistes, pour chasser les Prussiens ! » ou encore et toujours :

« Tous nos généraux sont des lâches ou des traîtres, car, si nous avions marché, les Prussiens auraient lestement fait leurs malles et seraient partis ! » C'est avec ces fanfaronnades idiotes qu'ils sollicitent les suffrages des citoyens électeurs et qu'ils les obtiendront peut-être. Quand on se hasarde dans ces réunions, on se sent vraiment navré de pitié.

Nous comptons que le désarroi est moins grand dans les provinces et que, malgré la précipitation du vote, on saura s'y reconnaître et s'y entendre. Vous vous unirez dans le sentiment du danger commun. Les ressources de notre pays sont immenses encore ; vous choisirez des députés capables de les bien employer, capables de remplir la redoutable mission que les événements leur imposent, d'appliquer tout ce qui nous reste de forces vives au salut de la France, et de défendre pied à pied les intérêts sacrés de la patrie.

LETTRE LXXXVIII

Samedi, 4 février.

Nous recevons de terribles nouvelles de notre armée de l'Est. Cette armée a été coupée de ses lignes de retraite et 80,000 hommes ont dû se réfugier en Suisse avec armes et bagages. Le général Bourbaki s'est tué, dit-on, d'un coup de pistolet. L'accusation de trahison qui s'acharne contre tous nos généraux malheureux doit les pousser à ces actes de désespoir. On n'a jamais vu et cette opinion publique dépravée et ces suicides des capitaines, qu'en des temps de profonde perturbation et de décadence. A Rome et sous Louis XIV, on savait consoler, honorer les généraux à qui, malgré tous leurs efforts, le succès avait manqué. C'est loin d'être un signe de virilité que cette impuissance où nous sommes de supporter, avec tristesse, mais avec dignité, nos défaites.

On ne s'aperçoit pas que si cette accusation de trahison, qu'on étend à tous ou à presque tous les chefs qui ont conduit cette guerre, était vraie, ce serait plus honteux et plus accablant pour nous que nos revers mêmes. C'est qu'il y aurait dans la nation une infirmité morale qui y créerait une prédisposition générale à la trahison. Dans une société comme la nôtre, les hommes qui portent les grosses épaulettes ne sont pas d'une autre trempe que ceux qui portent les épaulettes de laine. Ils sont sortis de la foule. S'ils sont gâtés, c'est que la masse est gâtée, et je n'ai pas plus de confiance en vous qui criez qu'en ceux contre qui vous criez.

De même, combien de fois ne me suis-je pas dit, en écoutant les conversations d'un groupe quelconque : Que de guerriers résolus, que de stratégistes éminents, que d'administrateurs intègres nous possédons, puisque ce seul groupe en offre une telle quantité ! Comment se fait-il que nous n'ayons que de médiocres guerriers et des administrateurs plus médiocres encore, surtout si, pour les juger, je m'en rapporte à ces énergiques citoyens? Nos administrateurs, nos guerriers ne sortent donc pas de ce groupe? Ils en sortent, ils en sont sortis hier : s'ils sont imprévoyants ou ignorants, c'est que ce groupe est composé d'ignorants et d'imprévoyants.

Il arrive ainsi très-souvent qu'en accusant les autres on s'accuse soi-même, surtout lorsqu'on généralise ses accusations. La trahison peut exister, sans doute ; mais ce ne saurait être qu'un cas rare et exceptionnel. Si on la voit partout, elle n'est plus seulement le crime d'un individu, elle déshonore tout le monde, elle souille un peuple tout entier.

LETTRE LXXXIX

Dimanche, 5 février.

Les effets du ravitaillement ne se font nullement sentir jusqu'ici. Nous lisons, dans le *Journal officiel* et dans les autres journaux, des renseignements sur l'arrivée des trains d'approvisionnement. Ainsi, nous sommes informés que le premier convoi chargé des comestibles de toute nature que la population de Londres envoie gracieusement à la population de Paris, est arrivé cette après-midi dans la gare du Nord. Je vois signalés :

4 février, 6 heures 50 du soir : 35 wagons de farine.

4 février, 7 heures 25 du soir : 40 wagons de farine.

4 février, 9 heures 55 du soir : 37 wagons de farine

Il paraît que 360 moutons ont fait, vendredi soir, leur entrée solennelle dans Paris. Il est question aussi de 250 bœufs qu'on aurait aperçus cheminant, à la faveur de la nuit, vers les abattoirs de la Villette. Tous ces renseignements nous font venir, comme on dit, l'eau à la bouche ; mais la satisfaction que nous en éprouvons est toute platonique. Les boucheries sont toujours fermées. Dans les restaurants, la chair fraîche n'apparaît pas encore. Nous ne voyons pas les tristes menus auxquels nous sommes depuis longtemps condamnés se modifier sensiblement.

Le pain est toujours rationné. Le rationnement est, toutefois, moins sévère ; ainsi, vous n'êtes plus obligé de porter votre pain au restaurant : dans ces établissements on vous en donne sans difficulté. Quant à la qualité, c'est bien lentement qu'elle s'améliore. Il est vrai que toutes sortes de gens réussissent à se procurer le pain le plus blanc du monde : les hôpitaux et les ambulances, où le pain blanc n'a jamais manqué, doivent en consommer une singulière quantité, si j'en juge par le nombre de personnes très-bien portantes qu'ils fournissent.

LETTRE XC

Lundi, 6 février.

Voyez l'étrange penchant de notre pays à la dictature. Voici MM. Crémieux, Gambetta, Glais-Bizoin et Fourichon qui disent à la France : « Tu vas élire une Assemblée nationale, puisque le Gouvernement central l'a décidé à notre grand désappointement, car nous avons tout lieu de craindre que tes futurs mandataires ne nous confirment pas nos pouvoirs. Toutefois, avant qu'ils nous les arrachent, il nous plaît de restreindre et de limiter ton choix : tu pourras choisir tes représentants, mais seulement ceux que nous te permettrons. Tu n'éliras donc aucun des hommes qui ont été ministres, sénateurs, conseillers d'État sous l'empire. Tu n'éliras aucun de ceux qui, sous l'empire, ont accepté une candidature officielle, et dont les noms ont figuré dans les listes des candidatures recommandées par les préfets aux suffrages des électeurs d'alors. Seront nuls, entends-tu, nuls de nullité absolue, les bulletins de vote portant les noms des individus que nous venons de désigner. »

Telle est la teneur d'un décret rendu à Bordeaux, à la date du 31 janvier, et signé des autocrates que j'ai nommés tout à l'heure.

M. de Bismark a protesté contre ce décret au nom de l'article 2 de la Convention du 28 janvier, d'après lequel l'Assemblée doit être « librement élue. »

« Nous ne saurions reconnaître, dit le chancelier de l'Empire germanique, aux personnes qui seraient élues sous le régime de la circulaire de Bordeaux les priviléges accordés aux députés à l'Assemblée par la Convention d'armistice. »

Le Gouvernement de Paris annule par un contre-décret, daté du 4 février, le décret de la délégation de Bordeaux. M. Jules Simon porte ce contre-décret à Bordeaux, où M. Gambetta refuse de le reconnaître et prétend maintenir les proscriptions électorales qu'il a édictées.

La France est le seul pays d'Europe où de telles fantaisies puissent passer par la tête de dictateurs improvisés.

Notre pays aime la dictature, c'est-à-dire la volonté personnelle se substituant à la volonté générale. La dictature est tout l'opposé du régime républicain, qui est le gouvernement du peuple par lui-même au moyen d'élections périodiques. Elle plaît d'abord, parce que tantôt elle calme des terreurs plus ou moins fondées, tantôt elle donne une satisfaction immédiate aux passions du jour. Elle peut commencer par bien faire; toujours elle finit mal. Elle lasse vite et l'on ne s'en débarrasse que par une autre dictature. Toute condition de stabilité sociale disparaît. Les dictateurs s'engendrent les uns les autres, se renversent et se succèdent aux dépens de la nation. La dictature est le dernier régime politique des sociétés séniles et destinées à périr.

LETTRE XCI

Mardi, 7 février.

L'histoire de Paris, pendant ces cinq mois de courageuse défense, a eu ses côtés sombres qui, maintenant, se développent et envahissent tout.

Dans les derniers temps de l'empire, les passions destructives de la société, que le gouvernement impérial avait secrètement flattées en croyant les dominer toujours, s'étaient propagées dans une partie des masses populaires et surtout des masses parisiennes. L'effervescence allait croissant. On préparait un mouvement prochain. L'empire était de toutes parts ébranlé, ruiné par ses propres fautes. Quand il croula après les désastres au-devant desquels Napoléon III avait aveuglément couru, le mouvement révolutionnaire qui se préparait pour cette heure ne fut pas ajourné par tous, malgré le péril où se trouvait la patrie. Le socialisme affaiblit le sentiment national. Nous en avons eu la preuve pendant le siége de Paris.

Il y eut, pendant tout le siége, une fraction de la population pour qui le principal ennemi fut, non pas l'étranger, mais l'ordre social. C'est contre l'ordre social plutôt que contre l'étranger que les chefs de ce parti formèrent leur armée. Ils s'en cachaient peu, dans le bavardage intempérant des clubs. J'ai entendu un capitaine de la garde nationale dans une réunion publique, non pas en quelque salle enfumée des faubourgs, mais à l'École de médecine, dire ouvertement, que les gardes nationaux ne devaient pas se battre contre les Prussiens, qu'ils auraient mieux à faire bientôt. Les chefs engageaient leurs soldats à mettre en réserve les cartouches qu'on leur distribuait. M. Félix Pyat donnait ce conseil dans son journal *le Combat*, dès le mois de septembre :

« Ne prodiguons pas notre poudre, en attendant, et sachons réserver les balles que nous n'aurions pas eu l'occasion d'utiliser aux remparts. L'ennemi n'est pas tout hors Paris. »

Le plus grand nombre des ouvriers, même séduits par de funestes doctrines, n'étaient pas disposés cependant à engager, dans un tel moment, les luttes civiles. Ils ont, en général, des sentiments plus généreux que ceux qui prétendent à les diriger. Les chefs les mieux avisés des sociétés secrètes ne tenaient guère, je crois, à prendre le gouvernement de la ville assiégée. Mais il y avait les impatients, les vieux conspirateurs à qui le pouvoir a toujours échappé, et qui voulaient fiévreusement s'en saisir, ne dût-il être dans leurs mains que pendant quelques jours; les jeunes ambitieux sans cervelle; les « habits noirs râpés » que le besoin et la convoitise poussent irrésistiblement; la partie inférieure enfin du prolétariat parisien, celle qui forme la lie d'une grande ville, et qui n'a qu'un rêve : réquisitionner, confisquer, fusiller, etc.

Cette faction chercha à entraîner les masses, entretint l'inquiétude, fomenta la haine, tint en échec le gouvernement, qui n'avait aucune énergie, qui se défendait mal et sans conviction; elle entrava réellement la défense.

Elle fit que la ville resta divisée en elle-même, en présence de l'ennemi; qu'elle ne fut pas animée d'un sentiment unique et sans réserve. Par intervalles, quand nous apprenions nos défaites, nos désastres, on entendait les accents d'une joie mal contenue; on voyait se trahir la secrète rage qui menaçait, non pas l'étranger, mais les citoyens.

Le gouvernement avait donc une partie de son attention détournée de ce côté ; il était obligé de répondre sans cesse à des sommations qui devancèrent toute action possible, et laissèrent, par conséquent, apercevoir un patriotisme plus bruyant que sincère ou des ambitions politiques plus pressantes que le patriotisme qui leur servait de masque. Il avait confiance dans la garde nationale ; mais telle qu'elle s'était confusément organisée, elle apparaissait comme un vaste étang recélant des abîmes inconnus, qu'il n'osait trop remuer ni trop agiter.

Les citoyens eux-mêmes, à ces clameurs dont ils étaient parfois assaillis, se sentaient mordus d'un autre souci que celui de la lutte à soutenir contre l'envahisseur. Comme le voyageur qui sait derrière lui sa maison menacée, ils ne marchaient point d'un pas aussi dégagé qu'ils l'auraient fait sans cette crainte.

Il fallait surtout se préoccuper de ce danger au point de vue du concours des provinces, car le parti révolutionnaire quand même oubliait complétement la France et croyait lui imposer facilement ses lois. Il semblait convaincu qu'il pourrait décider et ordonner souverainement de tout, à l'exemple de ce qui s'était passé au

4 septembre, et que la nation n'aurait qu'à le suivre où il lui plairait d'aller. Il ne se rendait point compte de l'infime valeur morale et intellectuelle de ses novateurs politiques, qui ne sont capables de séduire que ce qu'il y a de plus grossier dans les foules. La répulsion eût été générale, et l'on aurait laissé Paris cuver cette honteuse révolution, comme on laisse un ivrogne cuver son vin.

Le mécontentement s'accrut avec les malheurs, et l'on peut dire aussi avec les hésitations et les faiblesses de la défense. Maintenant que la défense a cessé, l'armée révolutionnaire fait de nombreuses recrues dans les masses ; elle s'organise puissamment. Je ne crois pas qu'elle agisse aussi longtemps que les Allemands seront là ; je ne crois pas que ceux qui la dirigent aient l'intention d'entrer en lutte avec l'étranger. Ils comprennent bien que c'est une partie impossible à soutenir. Lors même que l'armistice serait rompu, lors même que les Allemands entreraient à Paris, je suis persuadé qu'aucun conflit n'éclaterait, du moins avec cette bruyante armée des clubs et des associations populaires.

Elle attendra sans doute, pour utiliser son courage, qu'elle n'ait plus à lutter que contre les Français. Malheureusement, un découragement profond, un dépit amer s'est emparé de presque tout ce qui, dans Paris, pourrait lui résister. Le gouvernement est sans autorité aucune. Les bataillons les plus intéressés au maintien de l'ordre répondraient à peine à son appel. Le champ est libre à la révolution.

Mais les provinces sauront, je l'espère, maintenir leurs droits et défendre leur indépendance. Les conspirateurs pourront, le jour qu'il leur plaira, s'emparer de l'Hôtel de Ville de Paris; ils ne réussiront plus à imposer leur tyrannie au pays entier. La France restera maîtresse d'elle-même, ou bien elle deviendra le mépris et la risée du monde.

LETTRE XCII

Vendredi, 10 février.

Je suis parti de Paris le 8 février, après avoir déposé mon vote dans l'urne, sans m'illusionner beaucoup sur le triomphe probable de mes candidats. Muni d'un laissez-passer franco-allemand, je franchis les avant-postes au pont du chemin de fer de Soissons, à mi-chemin entre la Chapelle et Saint-Denis.

Les soldats prussiens barrent la route sur deux doubles

haies, entre lesquelles il y a la distance d'une dizaine de pas. Dans cet intervalle, un officier est assis à une petite table et vérifie les laissez-passer. Sur le côté de la route, une escouade de cavaliers uhlans est en selle. Devant la première ligne des soldats, les badauds parisiens forment une triple et quadruple ligne, les uns regardant tout simplement les étrangers, les autres cherchant à se glisser à la suite de ceux qui ont des laissez-passer, et à franchir le poste par ce moyen.

Mon sauf-conduit fut visé par l'officier et je franchis le poste; j'arrivai à Saint-Denis, qui regorgeait de troupes : tous les uniformes de l'armée allemande se pressaient dans les rues.

J'eus bientôt sous les yeux le spectacle lamentable des dévastations qui s'étendent tout autour de Paris.

Le village de Stains est ruiné de fond en comble; les toits sont effondrés, les tuyaux crevés, les planchers et les escaliers démolis. Les murailles élèvent leurs squelettes nus, comme après un violent incendie. Nulle part, on ne voit un habitant. Tout est désert et vide.

Au loin, de chaque côté du chemin, de grandes maisons de campagne, de vastes usines offrent le même spectacle. Dans un parc, dont le mur longe le chemin, un fifre et un tambour s'exercent : les notes aiguës du fifre sautent et voltigent sur les roulements du tambour. Cette musique semble insulter à ces débris. J'atteignis la station de Villers-le-Bel et Gonesse dans l'après-midi.

Vers trois heures et demie ou quatre heures, un train se mit en route pour Chantilly. Nous montâmes tous dans des wagons découverts. Je m'assis sur un immense tube de métal, dans lequel je reconnus un énorme canon Krupp.

Le train marcha très-lentement. Il était bien six heures du soir quand nous arrivâmes à Chantilly, où je soupai et je couchai...

Le souper que l'on nous servit fut le premier repas où je ne retrouvai plus la cuisine du siége. Après souper, je me promenai sur la lisière du bois. La soirée n'était pas très-belle; j'aspirais pourtant avec délices l'air du soir, et ma vue caressait avec bonheur le taillis obscur. Ces bois ne m'étaient pas, d'ailleurs, inconnus : ils réveillaient dans mon esprit bien des souvenirs, souvenirs de chasses et de chevauchées qui m'emportaient loin des misères de ces derniers mois. J'étais comme dans un autre monde, et il me semblait que ce paysage m'était ami. Ma rêverie fut interrompue par un chœur de voix s'élevant dans le silence. Voix étrangères : c'étaient les Allemands employés à la station qui chantaient un chant de leur pays.

Le lendemain, un train m'emporta vers le Nord, et bientôt je fus en terre librement française.

J'y trouvai tous les esprits profondément fatigués d'une guerre qui n'avait compté que des désastres.

Toutefois, une des premières personnes que je rencontrai, voyageant dans le pays, fut un méridional de notre connaissance, qui, m'abordant d'un air échauffé, me dit avec son accent marseillais :

« — Hé ! le Midi se lève !

« — Il est temps, lui répondis-je. »

C'est tout ce que je rapporterai de l'entretien ; mais, à la date du 9 février, le mot me parut superbe et je n'ai pas voulu vous en priver.

Toutes nos armées sont désorganisées. Les jeunes soldats, mobiles et mobilisés, qui remplissent nos villes, n'ont absolument rien de martial ; ils ne sont même ni équipés ni armés. Ce n'est pas une guerre comme celle-ci qu'il est possible de faire avec des volontaires en sabots.

La légende de 92 nous abuse comme celle de l'empire nous a abusés : nous payons cher nos légendes.

Subissons la paix, puisqu'il le faut. Mais remettons-nous bien vite à l'œuvre. Il s'agit de reconstruire la France ! Évitons tout ce qui nous divise et cherchons ce qui nous rapproche : ce doit être le mot d'ordre de tous les gens de cœur, sous le coup de calamités dont nous n'avons pas vu la fin.

Laissons les vaines paroles, les vantardises enfantines ; laissons les faiseurs de phrases flatter la vanité populaire en traçant par avance le plan de nos futures victoires. Faisons mieux, sachons nous mettre en état de les remporter, sachons d'abord corriger les vices d'administration qui nous ont perdus, raffermir toutes les institutions dégradées, réparer nos forces patiemment et sans bruit, ne pas nous endormir, ne pas folâtrer, ne pas oublier.

TABLE DES MATIÈRES

PARIS. — IMP. SIMON RAÇON ET COMP., RUE D'ERFURTH, 1.

DE

GARNIER FRÈRES

6, rue des Saints-Pères, et Palais-Royal, 215

DICTIONNAIRE NATIONAL

OUVRAGE ENTIÈREMENT TERMINÉ

MONUMENT ÉLEVÉ A LA GLOIRE DE LA LANGUE ET DES LETTRES FRANÇAISES

Ce grand Dictionnaire classique de la Langue française contient, pour la première fois, outre les mots mis en circulation par la presse, et qui sont devenus une des propriétés de la parole, les noms de tous les Peuples anciens, modernes; de tous les Souverains de chaque État; des Institutions politiques; des Assemblées délibérantes; des Ordres monastiques, militaires; des Sectes religieuses, politiques, philosophiques; des grands Événements historiques: Guerres, Batailles, Siéges, Journées mémorables, Conspirations, Traités de paix, Conciles; des Titres, Dignités, Fonctions, des Hommes ou Femmes célèbres en tout genre; des Personnages historiques de tous les pays et de tous les temps: Saints, Martyrs, Savants, Artistes, Ecrivains; des Divinités, Héros et personnages fabuleux de tous les peuples; des Religions et Cultes divers, Fêtes, Jeux, Cérémonies publiques, Mystères, enfin la Nomenclature de tous les Chefs-lieux, Arrondissements, Cantons, Villes, Fleuves, Rivières, Montagnes de la France et de l'Etranger; avec les Etymologies grecques, latines, arabes, celtiques, germaniques, etc., etc.

Cet ouvrage classique est rédigé sur un plan entièrement neuf, plus exact et plus complet que tous les dictionnaires qui existent, et dans lequel toutes les définitions, toutes les acceptions des mots et les nuances infinies qu'ils ont reçues sont justifiées par plus de quinze cent mille exemples extraits de tous les écrivains, moralistes et poëtes, philosophes et historiens, etc., etc. Par M. BESCHERELLE aîné, principal auteur de la *Grammaire nationale*. 2 magnifiques vol. in-4 de plus de 3,000 pages, à 4 col. imprimés en caractères neufs et très-lisibles, sur papier grand raisin glacé, contenant la matière de plus de 300 volumes in-8. . . . . 50 fr.

Demi-reliure chagrin, plats en toile. . . . . 10 fr.

GRAMMAIRE NATIONALE

Ou Grammaire de Voltaire, de Racine, de Bossuet, de Fénelon, de J. J. Rousseau, de Bernardin de Saint-Pierre, de Chateaubriand, de Casimir Delavigne, et de tous les écrivains les plus distingués de la France; par MM. BESCHERELLE FRÈRES et LITAIS DE GAUX. 1 fort vol. grand in-8. Complément indispensable du *Dictionnaire national*. . . . . 10 fr.

NOUVEAU DICTIONNAIRE CLASSIQUE DE LA LANGUE FRANÇAISE

Comprenant: Les mots du Dictionnaire de l'Académie française, et un très-grand nombre d'autres autorisés par l'emploi qu'en ont fait les bons écrivains; leurs acceptions propres et figurées et l'indication de leur emploi dans les différents genres de style; — 2° Les termes usités dans les sciences, les arts, les manufactures, ou tirés des langues étrangères; — 3° La synonymie rédigée sur un plan tout nouveau; — 4° La prononciation figurée de tous les mots qui représentent quelque difficulté — 5° Un Vocabulaire général de géographie, d'histoire et de biographie, etc., etc.; par MM. BESCHERELLE aîné et J. A. PONS. 1 vol. gr. in-8 de 1100 pages. 10 fr.

DICTIONNAIRE USUEL DE TOUS LES VERBES FRANÇAIS,

Tant réguliers qu'irréguliers; par MM. Bescherelle frères. 3e édition. 2 forts vol. in-8 à 2 colonnes. 12 fr.

La conjugaison des verbes est sans contredit ce qu'il y a de plus difficile dans notre langue, puisqu'on y compte plus de trois cents verbes irréguliers. A l'aide de ce dictionnaire, tous les doutes sont levés, toutes les difficultés vaincues.

DICTIONNAIRE ENCYCLOPÉDIQUE D'HISTOIRE, DE BIOGRAPHIE, DE MYTHOLOGIE ET DE GÉOGRAPHIE

Comprenant : 1° *Histoire :* l'histoire des peuples, la chronologie des dynasties, l'archéologie, l'étude des institutions politiques, religieuses et judiciaires et des divers systèmes philosophiques; 2° *Biographie :* la biographie des hommes célèbres, avec notices bibliographiques sur leurs ouvrages; 3° *Mythologie :* la biographie des dieux et personnages fabuleux, l'exposition des rites, fêtes et mystères; 4° *Géographie :* la géographie physique, politique, industrielle et commerciale, d'après les documents les plus récents, la géographie ancienne et moderne comparée. 1 fort volume grand in-8. . . . . 20 fr.

DICTIONNAIRE GÉNÉRAL DES SCIENCES THÉORIQUES ET APPLIQUÉES

Comprenant les mathématiques, la physique et la chimie, la mécanique et la technologie, l'histoire naturelle et la médecine, l'économie rurale et l'art vétérinaire, par MM. Privat-Deschanel et Ad. Focillon, professeurs des sciences physiques et naturelles; 4 parties, 2 vol. gr. in-8. . . . . 32 fr.

GRAMMAIRE DE LA LANGUE ANGLAISE

Contenant : 1° Un traité de la prononciation avec un *syllabaire* et de nombreux exercices de lecture; 2° Un cours de thèmes complet sur les règles et les difficultés de la langue, et sur tous les verbes irréguliers; 3° Idiotismes; 4° Dialogues familiers, par MM. Clifton et Mervoyer, docteur ès-lettres. 1 vol. gr. in-18, cart. . . . . 2 fr.

GRAMMAIRE ESPAGNOLE-FRANÇAISE DE SOBRINO

Très-complète et très-détaillée, contenant toutes les notions nécessaires pour apprendre à parler et à écrire correctement l'espagnol. Nouvelle édition, refondue avec le plus grand soin, par A. Galban. 1 vol. in-8. . . . 4 fr.

GRAMATICA DE LA LENGUA FRANCESA

Para los Españoles, por Chantreau, corrigée avec le plus grand soin par A. Galban, 1 vol. in-8 . . . . 4 fr.

GRAMMAIRE ITALIENNE

En 25 leçons, d'après Vergani, corrigée et complétée par C. Ferrari, ancien professeur à l'École normale et à l'Université de Turin. 1 vol. . . . 2 fr.

NUOVA GRAMMATICA FRANCESE-ITALIANA

Di Lodovico Goudar. Con nuove regole e spiegazioni intorno alla moderna pronunzia, alla natura dei dittonghi francesi ed ai participii, ricavate dalle opere de' migliori grammatici. Nuova edizione corretta ed arrichita da Giuseppe Caccia. Vol. grand in-18. . . . . 2 fr.

PETIT DICTIONNAIRE NATIONAL

Contenant la définition très-claire et très-exacte de tous les mots de la langue usuelle; l'explication la plus simple des termes scientifiques et techniques; la prononciation figurée dans tous les cas douteux ou difficiles, etc., etc.; par M. Bescherelle aîné, auteur du *Grand Dictionnaire national*, etc. 1 fort vol. in-32 jésus, de plus de 600 pages. . . . . 2 fr.

PETIT DICTIONNAIRE D'HISTOIRE, DE GÉOGRAPHIE ET DE MYTHOLOGIE

Par J. P. Quitard, faisant suite au *Petit Dictionnaire national* de M. Bescherelle aîné. 1 vol. in-32. . . . . 1 fr. 50

Les deux ouvrages réunis en 1 fort vol., rel. toile. 4

NOUVEAU DICTIONNAIRE DES RIMES

Précédé d'un Traité complet de versification, par P. M. Quitard. 1 volume gr. in-32. . . . . 2 fr.

PETITS DICTIONNAIRES EN DEUX LANGUES

Grand in-32, format de poche, dit Cazin

Avec la prononciation figurée, très-complets et exécutés avec le plus grand soin, contenant chacun la matière d'un fort volume in-8, à l'usage des voyageurs, des lycées, des colléges, de la jeunesse des deux sexes, et de toutes les personnes qui étudient les langues étrangères.

Dictionnaire grec-français, rédigé sur un plan nouveau, contenant tous les termes employés par les auteurs classiques, présentant un aperçu de la dérivation des mots dans la langue grecque et suivi d'un Lexique des noms propres, par A. Chassang, maître de Conférences de langue et littérature grecques à l'Ecole normale supérieure. 1 vol. de plus de 1000 p. 6 fr.

Nouveau Dictionnaire latin-français, contenant tous les termes employés par les auteurs classiques; l'explication d'un certain nombre de mots appartenant à la langue du droit; les noms propres d'hommes et de lieux, etc., par E. de Suckau. 1 fort vol. 4 fr. 50

Nouveau Dictionnaire anglais-français et français-anglais, contenant tout le vocabulaire de la langue usuelle, et donnant la *prononciation* figurée de tous les mots anglais, et celle des mots français dans les cas douteux, par M. Clifton. 1 vol. 4 fr. 50

Nouveau Dictionnaire allemand-français et français-allemand du langage littéraire, scientifique et usuel, contenant, à leur ordre alphabétique, tous les mots usités et nouveaux de ces deux idiomes; les noms propres, etc.; la grammaire et les idiotismes, et suivi d'un Tableau des verbes irréguliers, par K. Rotteck (de Berlin). 1 fort vol. . . . . . 4 fr. 50

Nouveau Dictionnaire de poche français-espagnol et espagnol-français, avec *la prononciation* dans les deux langues, rédigé d'après les matériaux réunis par D. Vicente Salva et les meilleurs dictionnaires parus jusqu'à ce jour. 1 fort vol. . . . . . . 5 fr.

Dictionnaire italien-français et français-italien, contenant tous les mots de la langue usuelle et donnant la prononciation figurée des mots italiens et des mots français, dans les cas douteux et difficiles, par C. Ferrari. 1 fort volume. . . . . . . 4. fr. 50

Nouveau Dictionnaire français-portugais et portugais-français, contenant tout le vocabulaire de la langue usuelle, et donnant la *prononciation* figurée de tous les mots portugais et celle des mots français, par Sousa Pinto, 1 vol. . . . . 6 fr.

Diccionario español-inglés é inglés-español portátil con la pronunciacion en ambas lenguas. Formado con presencia de los mejores diccionarios ingleses y españoles por Don Corona Bustamente, y el mas completo de los publicados hasta el dia. 1 tomo. 6 fr.

Diccionario español-italiano é italiano-español con la pronunciacion en ambas lenguas. Compuesto por D. J. Caccia con areglo á los mejores diccionarios y el mas completo de los publicados hasta ahora. 1 tomo. 5 fr.

Reliure percaline, tr. jaspée, de chacun de ces quatre dictionnaires. . 60 c.

Les dictionnaires en petit format publiés jusqu'à ce jour sont plutôt des vocabulaires, souvent très-incomplets, qui ne contiennent aucune des indications nécessaires pour aider un commençant à traduire correctement d'une langue dans une autre.

Dans ces dictionnaires, que nous recommandons à l'attention du public ami des lettres:

1° Tous les mots, sans exception, sont à leur ordre alphabétique; pas de liste particulière de noms propres, de mots géographiques, etc.

2° Les diverses acceptions de chaque mot sont indiquées par des numéros. Le premier numéro donne le sens le plus conforme à l'étymologie; les numéros suivants présentent successivement les sens dérivés, détournés ou figurés. Enfin différents signes typographiques et de ponctuation viennent encore guider l'étranger dans le choix des mots.

3° La prononciation a été figurée avec le plus grand soin et à l'aide des moyens les plus simples.

On voit que nous n'avons rien négligé pour rendre cette publication aussi utile et pratique que possible. Si l'on considère encore que nous donnons également la solution des difficultés grammaticales, relatives, par exemple, à la conjugaison des verbes, des prépositions, etc., on sera forcé de convenir que jamais on n'a présenté autant de matières sous un aussi petit volume.

GRAND DICTIONNAIRE

ESPAGNOL-FRANÇAIS ET FRANÇAIS-ESPAGNOL

Avec la prononciation dans les deux langues, plus exact et plus complet que tous ceux qui ont paru jusqu'à ce jour, rédigé d'après les matériaux réunis par D. VICENTE SALVA, et les meilleurs dictionnaires anciens et modernes, par F. DE P., NORIEGA ET GUIM. 1 fort vol. gr. in-8 jésus, d'environ 1,600 pag., à 3 col. . . . . . . 18 fr.

GUIDES POLYGLOTTES

Manuels de la conversation et du style épistolaire, à l'usage des voyageurs et des écoles. Grand in-32, format dit Cazin, papier satiné, élégamment cartonnés. Prix du vol. . . . . 2 fr.

Français-anglais, par M. CLIFTON, 1 vol.
Français-italien, par M. VITALI, 1 vol.
Français-allemand, par M. EBELING, 1 vol.
Français-espagnol, par M. CORONA BUSTAMENTE, 1 vol.
Espanol-francés, por CORONA BUSTAMENTE. 1 vol.
English-french, by CLIFTON, 1 vol.
Hollandsch-fransch, van A. DUFRICHE, 1 vol.
Espanol-inglés, por CORONA BUSTAMENTE y CLIFTON, 1 vol.
English and italian. 1 vol.
Espanol-aleman, por CORONA BUSTAMENTE EBELING, 1 vol.
Deutsch-englisch, von CAROLINO DUARTE, 1 vol.
Espanol-italiano, por M. CORONA BUSTAMENTE y VITALI, 1 vol.
Italiano-tedesco, da GIOVANNI VITALI e Dr EBELING, 1 vol.
Portuguez-francez, por M. CAROLINO DUARTE y CLIFTON, 1 vol.
Portuguez-inglez, por DUARTE y CLIFTON, 1 vol.

GUIDE EN SIX LANGUES. **Français-anglais-allemand-italien-espagnol-portugais.** 1 fort in-16 de 550 pages. . . . . 5 fr.

GUIDE EN QUATRE LANGUES, français-anglais-allemand-italien, 1 vol. 4 fr.

Nous appelons d'une manière toute spéciale l'attention sur nos *Guides polyglottes*. Le soin intelligent et scrupuleux qui en a dirigé l'exécution leur assure, parmi les livres de ce genre, une incontestable supériorité. Le texte original a été fait et préparé, avec beaucoup d'adresse et d'habileté, par un maître de conférences à l'École normale supérieure. Les besoins de la conversation usuelle y sont très-heureusement prévus. Les dialogues, au lieu de se traîner dans l'ornière des banalités ennuyeuses, ont un à-propos, une vivacité, un sel, qui amusent et réveillent le lecteur. Les traducteurs se sont acquittés de leur tâche avec exactitude et fidélité.

Guide français-anglais, manuel de la conversation et du style épistolaire, avec la *prononciation figurée de tous les mots anglais*, à l'usage des voyageurs, par CLIFTON. 1 vol. in-16. 4 fr.

Polyglot guides, manual of conversation with models of letters for the use of travellers and students. English and French with the figured pronunciation of the French, by CLIFTON. 1 volume in-16. . . . . 4 fr.

CODES ET LOIS USUELLES

Classés par ordre alphabétique, 4e édition sans supplément, contenant la législation jusqu'à 1870 collationnée sur les textes officiels, contenant en note sous chaque article des codes ses différentes modifications, la corrélation des articles entre eux, la concordance avec le droit romain, l'ancienne législation française et les lois nouvelles, précédée de la constitution de l'Empire français et accompagnée d'une table chronologique et d'une table générale des matières, par M. A. ROGER, avocat à la Cour de Paris, et M. A. SOREL, avocat à la Cour de Paris. 1 beau v. gr. in-8 raisin de 1,200 pages. Prix, br.. . . . . 15 fr.

LE MÊME OUVRAGE

Édition portative, format gr. in-32 jésus, en deux parties :

Ire Partie. Les *Codes*. . . . 4 fr. | II Partie Les *Lois usuelles*. 4 fr.

GÉOGRAPHIE UNIVERSELLE

Par MALTE-BRUN. Description de toutes les parties du monde sur un nouveau plan, d'après les grandes divisions du globe; précédée de l'histoire de la géographie chez les peuples anciens et modernes, et d'une théorie générale de la géographie mathématique, physique et politique. 6e édition revue, corrigée et augmentée, mise dans un nouvel ordre et enrichie de toutes les nouvelles découvertes, par J.-J.-N. HUOT. 6 beaux vol. gr. in-8, ornés de 41 grav. sur acier. . . . . 60 fr.

Avec un superbe Atlas entièrement établi à neuf. 1 vol. in-folio, composé de 72 magnifiques cartes coloriées, dont 14 doubles. . . . . 80 fr.

On peut acheter l'Atlas séparément. . . . . 20 fr.

DICTIONNAIRE DE LA CONVERSATION ET DE LA LECTURE.

52 vol. grand in-8 de 500 pages à 2 col., contenant la matière de plus de 300 vol. . . . . 2 3 fr.

SUPPLÉMENT AU DICTIONNAIRE DE LA CONVERSATION ET DE LA LECTURE

Rédigé par tous les écrivains et savants dont les noms figurent dans cet ouvrage et publié sous la direction du même rédacteur en chef. 16 vol. in-8 de 500 pages pareilles à celles des 52 vol. publiés de 1833 à 1839. 80 fr

Le *Supplément*, aujourd'hui TERMINÉ, se compose de *seize volumes* formant les tomes 53 à 68 de cette Encyclopédie si populaire.

Le *Supplément* a réparé toutes les erreurs, toutes les omissions qui avaient échappé dans le travail si rapide de la réduction des 52 premiers volumes. Tous les *renvois* que le lecteur chercherait vainement dans l'ouvrage principal se trouvent traités dans le *Supplément*.

COURS COMPLET D'AGRICULTURE

Ou Nouveau Dictionnaire d'agriculture théorique et pratique, d'économie rurale et de médecine vétérinaire, sur le plan de l'ancien Dictionnaire de l'abbé Rosnier, par MM. le baron de MOROGUES, membre de l'Institut; MIRBEL, HÉRICART DE THURY, président de la Société nationale d'agriculture; PAYEN, professeur de chimie agricole; MATHIEU DE DOMBASLE, etc, etc. 4e édition, revue et corrigée. 20 vol. br. en 19 gr. in-8 à 2 col., avec environ 4,000 sujets grav. . . . . 112 fr.

DICTIONNAIRE D'HIPPIATRIQUE ET D'ÉQUITATION.

Ouvrage où se trouvent réunies toutes les connaissances équestres et hippiques, par F. CARDINI, lieutenant-colonel en retraite. 2 vol. grand in-8, ornés de 70 figures; 2e édition, considérablement augmentée. . . 20 fr.

NOUVEAU DICTIONNAIRE COMPLET DES COMMUNES DE LA FRANCE

De l'Algérie et des autres colonies françaises, contenant la Nomenclature de toutes les communes, leur division administrative, leur population d'après le dernier recensement; les bureaux de poste; leur distance de Paris; les stations de chemins de fer; les bureaux télégraphiques; l'industrie; le commerce; les productions du sol; les châteaux et tous les renseignements relatifs à l'organisation administrative, ecclésiastique, judiciaire, universitaire, financière, militaire et maritime de la France, avant et depuis 1789, par A. GINDRE DE MANCY. 1 fort vol. gr. in-8 d'environ 1,000 p. à deux colonnes, avec une carte des chemins de fer, par CHARLE, géographe. 12 fr.

DICTIONNAIRE PORTATIF DES COMMUNES DE LA FRANCE, DE L'ALGÉRIE ET DES AUTRES COLONIES FRANÇAISES

Précédé de tableaux synoptiques, et accompagné d'une carte de la France, par M. GINDRE DE MANCY. 1 fort vol. in-32 de 750 pages. . . . . . . 5 fr

CHEFS-D'ŒUVRE DE LA LITTÉRATURE FRANÇAISE

Format in-8 cavalier

24 volumes sont en vente à 7 fr. 50

Cette collection, imprimée avec luxe par M. Claye, sur magnifique papier des Vosges fabriqué spécialement pour cette édition, est ornée de vignettes gravées sur acier, d'après les dessins de Staal.

On tire de chaque volume de la collection 150 *exemplaires numérotés* sur papier de Hollande, avec figures sur chine avant la lettre, au prix de 15 fr. le vol. (Molière est épuisé; ne se vend qu'avec la collection).

Œuvres complètes de Molière, nouvelle édition très-soigneusement revue sur les textes originaux, avec un nouveau travail de critique et d'érudition, aperçus d'histoire littéraire, examen de chaque pièce, commentaire, biographie, etc., etc., par M. Louis Moland. 7 vol.

Chefs-d'œuvre littéraires de Buffon, avec une introduction par M. Flourens, membre de l'Académie française, etc. 2 vol.

Histoire de Gil Blas de Santillane, Par le Sage, avec les principales remarques des divers annotateurs, précédée d'une notice par Sainte-Beuve, les jugements et témoignages sur le Sage et sur *Gil Blas*. 2 vol. illustrés de 6 belles gravures sur acier d'après les dessins de Staal.

L'Imitation de Jésus-Christ. Traduction nouvelle avec des réflexions par M. l'abbé de Lamennais. 1 vol.

Œuvres de Jean-Baptiste Rousseau, avec un nouveau travail de Antoine de Latour. 1 vol.

Essais de Michel de Montaigne, nouvelle édition, avec les notes de tous les commentateurs, choisies et complétées par M. J. V. Le Clerc, ornée d'un magnifique portrait de Montaigne, précédée d'une nouvelle étude sur Montaigne, par M. Prévost-Paradol, de l'Académie française. 4 vol.

Œuvres complètes de Boileau Despréaux, avec un nouveau travail et un commentaire, par M. Géruzez. 4 v.

Œuvres choisies de Marot, accompagnées de notes philologiques et littéraires et précédées d'une étude sur l'auteur, par M. d'Héricault. 1 vol.

Œuvres complètes de Racine, avec un travail nouveau, par M. Saint-Marc Girardin, de l'Académie franç. 1er, 2e v.

Œuvres complètes de la Fontaine, avec un nouveau travail de critique et d'érudition, par M. Louis Moland.

Nous avons promis, dans le prospectus de *Molière*, de chercher à remettre en honneur les belles éditions de nos auteurs classiques. Les volumes qui ont paru permettent de juger si nous avons tenu parole.

Notre collection contiendra la fleur de la littérature française. Elle se composera d'une soixantaine de volumes environ, et sera digne de tenir une place d'honneur dans les meilleures bibliothèques.

BIBLIOTHÈQUE AMUSANTE

Contenant les meilleurs romans du XVIIe et du XVIIIe siècle, et quelques-uns des principaux du XIXe. Le volume, grand in-8 cavalier, 3 grav. sur acier d'après Staal. . . . . 7 fr. 50

Œuvres de madame de la Fayette. 1 vol.

Œuvres de mesdames de Fontaines et Tencin. 1 vol.

Gil Blas, par le Sage. 2 vol.

Diable boiteux, suivi de *Estévanille Gonzales*, par le Sage. 1 vol.

Histoire de Gusman d'Alfarache, par le Sage. 1 vol.

Vie de Marianne, suivie du *Paysan parvenu*, par Marivaux. 2 vol.

Œuvres de madame Riccoboni. 1 v.

Lettres du marquis de Roselle, par madame Elie de Beaumont; **Mademoiselle de Clermont**, par madame de Genlis, et la **Dot de Suzette**, par Fiévée. 1 vol.

Chefs-d'œuvre de madame de Souza. 1 vol.

Corinne par madame de Staël. 1 vol.

HISTOIRE DE FRANCE PAR ANQUETIL

Avec continuation jusqu'en 1852, par BAUDE, l'un des principaux auteurs du *Million de faits* et de *Patria*. 8 demi-vol. gr. in-8, illustrés de 120 gravures, renfermant la collection complète des portraits des rois.. . . 50 fr.

HISTOIRE DE FRANCE D'ANQUETIL

Continuée depuis la Révolution de 1789, par LÉONARD GALLOIS. Edition ornée de 50 gravures en taille-douce. 5 vol. gr. in-8 jésus à 2 colonnes, contenant la matière de 40 vol. in-8 ordinaire, 62 fr. 50; net.. . . . . 30 fr.

HISTOIRE DES DEUX RESTAURATIONS

Jusqu'à l'avénement de Louis-Philippe (de janvier 1813 à octobre 1830); par ACHILLE DE VAULABELLE. Sixième édit. 8 v. in-8, à. . . . . 5 fr.

1815 — LIGNY — WATERLOO

Par A. DE VAULABELLE, ancien ministre de l'instruction publique. 1 volume grand in-8 jésus, illustré de 40 belles gravures sur bois d'après les dessins de M. WORMS. . . . . 1 fr. 50

CAMPAGNE DE RUSSIE (1812)

Par ALFRED ASSOLLANT. Illustré de 40 gravures, par J. WORMS, d'après les documents onthentiques. 1 vol. gr. in-8 jésus. . . . . 1 fr. 60

LORD MACAULAY

Histoire d'Angleterre sous le règne de Jacques II traduit de l'anglais par le comte JULES DE PEYRONNET. Deuxième édition, revue et corrigée. 5 vol. in-8. Chaque volume. . . . . 5 fr.

Histoire du règne de Guillaume III pour faire suite à l'Histoire du règne de Jacques II, traduit de l'anglais par AMÉDÉE PICHOT Deuxième édition revue et corrigée. 4 vol. in-8. Prix de chaque volume. . . . . . 5 fr.

ŒUVRES COMPLÈTES DE CHATEAUBRIAND

Nouvelle édition, précédée d'une étude littéraire sur Chateaubriand, par M. SAINTE-BEUVE, de l'Académie française. 12 très-forts volumes in-8, sur papier cavalier vélin, ornés d'un beau portrait de Chateaubriand et de 42 gravures exécutées spécialement pour cette édition, et avec le plus grand soin, par MM. F. DELANNOY, G. THIBAULT, OUTHWAITE, MASSARD, etc., d'après les dessins originaux de STAAL, de RACINET, etc. Le vol. à 6 fr.

ON VEND SÉPARÉMENT AVEC UN TITRE SPÉCIAL

Le Génie du christianisme. 1 vol. orné de 5 grav. sur acier.

Les Martyrs. 1 vol. orné de 5 grav. sur acier.

L'Itinéraire de Paris à Jérusalem. 1 vol. orné de 6 gravures.

Atala, René, le Dernier Abencérage, les Natchez, Poésies. 1 vol. orné de 4 grav. sur acier.

Voyage en Amérique, en Italie et en Suisse. 1 vol. orné de 4 gravures.

Le Paradis perdu. 1 vol. orné de 4 grav. sur acier.

Histoire de France. 1 vol. orné de 4 grav. sur acier.

Études historiques. 1 vol. orné de 3 grav. sur acier.

Le prix de chaque volume, avec 3, 4 ou 5 gravures, est de 6 fr.
Sans gravures. . . . . 5 fr.

CHATEAUBRIAND ET SON GROUPE LITTÉRAIRE

Sous l'Empire, par M. SAINTE-BEUVE, de l'Académie française. 2 volumes in-8. . . . . 12 fr.

NOUVEAU TRAITÉ DE BLASON

Ou science des armoiries, d'après le P. MÉNÉTRIER, D'HOZIER, SÉGOING, SCOHIER, PALLIOT, H. DE BARA, FAVIN, par VICTOR BOUTON, peintre héraldique et paléographe. 1 vol. in-8 de 500 pag. 400 blasons, 800 noms de familles. 10 fr

ABRÉGÉ MÉTHODIQUE DE LA SCIENCE DES ARMOIRIES

Suivi d'un glossaire des attributs héraldiques, d'un traité élémentaire des ordres modernes de chevalerie, et de notions sur l'origine des noms de familles et des classes nobles, etc., par M. Maigne. 1 vol. gr. in-18 jésus, orné d'environ 300 vignettes dans le texte, grav. par M. Dufrénoy. 6 fr.

NOBILIAIRE DE NORMANDIE

Publié par une Société de généalogistes, avec le concours des principales familles nobles de la Province, sous la direction de E. de Magny. 2 vol. très-grand in-8.. . . . . 40 fr.

LE HÉRAUT D'ARMES

Revue illustrée de la noblesse, par le comte Alfred de Bizemont et Victor Bouton. 1re année (novembre 1861, à janvier 1863), 30 fr.; net.. . 5 fr.

L'ITALIE CONFÉDÉRÉE

Histoire politique, militaire et pittoresque de la campagne de 1859, par Amédée de Césena. 4 beaux vol. gr. in-8. . . . . 24 fr.

Illustrée de très-belles gravures sur acier, parmi lesquelles un magnifique portrait de l'Empereur et de l'Impératrice, de vingt types militaires coloriés, d'une excellente carte du nord de l'Italie, par Vuillemin; des plans de bataille de Magenta et de Solferino, des plans coloriés de Venise, de Mantoue et de Vérone.

CAMPAGNE DE PIÉMONT ET DE LOMBARDIE

Par Amédée de Césena. 1 vol. gr. in-8 jésus, 20 fr.; net.. . . . . 10 fr.

HISTOIRE DES DUCS DE BOURGOGNE

Par M. de Barante, membre de l'Académie française; 7e édition. 12 vol. in-8, caractères neufs, imprimés sur papier vélin satiné des Vosges, ornés de 104 gravures et d'un grand nombre de cartes. Prix du volume.. . 5 fr.

HISTOIRE UNIVERSELLE

Par le comte de Ségur, de l'Académie française; contenant l'histoire de tous les peuples de l'antiquité, l'histoire romaine et l'histoire du Bas-Empire. 9e édition, ornée de 30 gravures sur acier, d'après les grands maîtres de l'école française. 3 vol. gr. in-8.. . . . . 37 fr. 50

On peut acheter séparément chaque volume, qui forme un tout complet.

LAMARTINE

Histoire de la Révolution de 1848. Nouvelle édition, complétement revue par l'auteur. 2 vol. in-8, papier cavalier vélin.. . . . . 12 fr.

Raphaël. Pages de la vingtième année. 1 v. in-8 cavalier vélin.. . . 5 fr.

Histoire de Russie. Paris. Perrotin, 1856. 2 vol. in-8, 10 fr.; net. . 6 fr.

ŒUVRES D'AUGUSTIN THIERRY

5 vol. in-8 cavalier, papier vélin glacé, le volume. . . . . 6 fr.

Histoire de la Conquête de l'Angleterre. 2 vol.

Lettres sur l'Histoire de France. — Dix ans d'Études historiques. 1 vol.

Récits des Temps mérovingiens. 1 vol.

Essai sur l'Histoire du Tiers-État. 1 vol.

GALERIES HISTORIQUES DE VERSAILLES

(Édition unique). Ce grand et important ouvrage a été entrepris aux frais de la liste civile du roi Louis-Philippe, et rédigé d'après ses instructions. Il renferme la description de 1,200 tableaux; des notices historiques sur plus de 670 écussons armoriés de la salle des Croisades. 10 volumes in-8 imprimés en caractères neufs sur beau papier; accompagnés d'un atlas de 100 grav. in-folio. . . . . 100 fr.

ALBUM seul (formant un tout complet) de 100 gravures avec notice chrono- . . . . 50 fr.

SOUVENIRS INTIMES DU TEMPS DE L'EMPIRE

Par ÉMILE MARCO DE SAINT-HILAIRE. Illustrés de nombreuses gravures par les premiers artistes. 3 forts volumes, grand in-8 jésus. . . . . . . 40 fr.

ŒUVRES COMPLÈTES DE BUFFON

(OUVRAGE TERMINÉ)

Avec la nomenclature linnéenne et la classification de Cuvier ; édition nouvelle, revue sur l'édition in-4 de l'Imprimerie impériale ; annotée par M. FLOURENS, membre de l'Académie française, secrétaire perpétuel de l'Académie des sciences, professeur au Muséum d'histoire naturelle. Les *Œuvres complètes de Buffon* forment 12 vol. gr. in-8 jésus, illustrés de 165 planches, 800 sujets coloriés, gravés sur acier, d'après les dessins originaux de M. VICTOR ADAM ; imprimés en caractères neufs, sur papier pâte vélin, par la typographie J. Claye. . . . . 120 fr.

M. le ministre de l'instruction publique a souscrit pour les bibliothèques à cette magnifique publication (aujourd'hui complétement achevée), reconnue par les hommes les plus compétents comme une édition modèle des œuvres du grand naturaliste. Le nom et le travail de M. Flourens la recommandent d'une façon toute particulière et lui donnent un cachet spécial.

ŒUVRES DE P. ET TH. CORNEILLE

Précédées de la Vie de P. Corneille, par FONTENELLE, et des Discours sur la poésie dramatique. Nouvelle édition, ornée de gravures sur acier. 1 beau vol. gr. in-8, même format que le Racine et le Molière.. . . . 12 fr. 50

ŒUVRES DE J. RACINE

Avec un essai sur la vie et les ouvrages de J. Racine, par LOUIS RACINE ; ornées de 13 vignettes, d'après GÉRARD, GIRODET, DESENNE, etc. 1 beau vol. gr. in-8 jésus. . . . . 12 fr. 50

ŒUVRES COMPLÈTES DE BOILEAU

Avec une notice par M. SAINTE-BEUVE, et les notes de tous les commentateurs, illustrées de gravures sur acier. Nouv. édit. 1 vol. gr. in-8.. . 12 fr. 50

MOLIÈRE

1 beau vol. gr. in-8, pareil au *Corneille*, au *Racine* et au *Boileau*, orné de charmantes gravures sur acier, par F. DELANNOY, d'après les dessins de STAAL, et accompagné de notes explicatives. . . . . 12 fr. 50

MOLIÈRE

Œuvres complètes, précédées d'une notice sur la vie et les ouvrages de Molière, par M. SAINTE-BEUVE, illustrées de 800 dessins, par TONY JOHANNOT. Nouvelle édit. 1 magnifique vol. gr. in-8 jésus. . . . . 12 fr. 50

ŒUVRES COMPLÈTES DE CASIMIR DELAVIGNE

Comprenant le *Théâtre*, les *Messéniennes* et les *Chants sur l'Italie*. Nouvelle édition. 1 beau vol. gr. in-8 jésus, illustré de 12 belles vignettes de A. JOHANNOT. . . . . 12 fr. 50

FABLES DE LA FONTAINE

Illustrations de GRANDVILLE. 1 splendide vol. grand in-8 jésus, sur papier glacé, satiné, avec encadrement des pages et un sujet pour chaque fable. Édition unique par les soins qui y ont été apportés. . . . . . 18 fr.

LES FLEURS ANIMÉES

Par J. J. GRANDVILLE. Ouvrage de luxe. Texte par ALPH. KARR, TAXILE DELORD. Nouvelle édition avec planches très-soigneusement retouchées pour la gravure et le coloris, par M. MAUBERT, peintre d'histoire naturelle. 2 vol. gr. in-8 jésus. . . . . 25 fr.

12 Blouvelon 416

LES MÉTAMORPHOSES DU JOUR

Par GRANDVILLE. 70 gravures coloriées, accompagnées d'un texte par MM. ALBÉRIC SECOND, TAXILE DELORD, LOUIS HUART, C. MONSELET, JULIEN LEMER, et précédées d'une Notice sur GRANDVILLE, par CHARLES BLANC. Nouvelle édition augmentée de culs-de-lampe, têtes de pages, pour le texte par M. JULES JANIN. 1 magnifique vol. grand in-8 jésus, d'environ 550 pages. . 18 fr.

LES PETITES MISÈRES DE LA VIE HUMAINE

Illustrées par GRANDVILLE de nombreuses vignettes dans le texte, et de 50 grands bois tirés à part. Texte par OLD-NICK. Un magnifique volume gr. in-8 jésus, papier vélin des Vosges, enrichi d'un beau portrait de Grandville, gravé sur acier. . . . . 15 fr.

CENT PROVERBES

Par GRANDVILLE. Nouvelle édition, revue et augmentée, pour le texte, de M. QUITARD, auteur du Dictionnaire des proverbes, etc., — illustrée par 50 gravures à part, coloriées pour la première fois avec le plus grand soin et de nombreuses vignettes dans le texte. Un magnifique volume grand in-8 jésus . . . . 15 fr.

GRANDVILLE

ALBUM de 120 sujets tirés des Fables de la Fontaine. 1 v. gr. in-8. . 6 fr

Cette charmante collection de gravures, contenant une partie des illustrations du célèbre artiste, peut convenir à tous ceux qui n'ont pas la magnifique édition du *La Fontaine* de *Grandville*.

ENCYCLOPÉDIE THÉORIQUE ET PRATIQUE DES CONNAISSANCES UTILES

Composée de traités sur les connaissances les plus indispensables, ouvrage entièrement neuf, avec environ 1,500 gravures intercalées dans le texte, par MM. ALCAN, L. BAUDE, BELLANGER, BERTHELET, DELAFOND, DEVEUX, DUBREUIL, FOUCAULT, H. FOURNIER, GÉNIN, GIGUET, GIRARDIN, LÉON LALANNE, ÉLIZÉE LEFÈVRE, HENRI MARTIN, MARTINS, MATHIEU, MOLL, MOREAU DE JONNES, LUDOVIC LALANNE PÉCLET, PERSOZ, LOUIS REYBAUD, L. DE WAILLY, WOLOWSKI, etc. 2 vol. grand in-8. . . . . 25 fr.

ROBERTSON

Œuvres complètes, avec notice, par BUCHON. 2 vol. grand in-8 jésus. Nouvelle édition. Paris, 1867, 20 fr.; net. . . . . 15 fr.

MACHIAVEL

Œuvres complètes, avec notice, par BUCHON. 2 vol. grand in-8 jésus. Nouvelle édition. Paris, 1867. 20 fr.; net. . . . . 15 fr.

RUBENS ET L'ÉCOLE D'ANVERS

Par MICHIELS. 1 beau vol. in-8, suivi du Catalogue des tableaux de Rubens. 6 fr.; net. . . . . 4 fr.

UN MILLION DE FAITS

Aide-mémoire universel des sciences, des arts et des lettres, par MM. J. AICARD, DESPORTES, LÉON LALANNE, LUDOVIC LALANNE, GERVAIS, A. LE PILEUR, CH. MARTINS, CH. VERGÉ et JUNG. 1 fort vol. portatif, petit in-8 de 1,720 col., orné de gravures sur bois. 12 fr.; net. . . . . 9 fr.

BIOGRAPHIE UNIVERSELLE

BIOGRAPHIE PORTATIVE UNIVERSELLE, contenant 20,000 noms, suivie d'une table chronologique et alphabétique, où se trouvent répartis en cinquante-quatre classes différentes les noms mentionnés dans l'ouvrage, par L. LALANNE, L. RENIER, TH. BERNARD, CH. LAUMIER, E. JANIN, A. DELLOYE, etc. 1 vol. de 2,000 col., format du *Million de faits*, contenant la matière de 17 vol. 12 fr.; net. . . . . 7 fr. 50

PARIS. — IMP. SIMON RAÇON ET COMP., RUE D'ERFURTH, 1.

www.ingramcontent.com/pod-product-compliance
Ingram Content Group UK Ltd.
Pitfield, Milton Keynes, MK11 3LW, UK
UKHW021940200726
13856UKWH00005B/310